美術の教育

多様で寛容な「私」であるために

大坪圭輔

武蔵野美術大学出版局

美術の教育

多様で寛容な「私」であるために

目次

挿画　大坪圭輔
装幀　馬面俊之

はじめに

人にとって世代を繋ぐことが絶対の命題であるならば、そこには必ず教育がある。アルタミラの洞窟壁画を残した古代人たちは、幾世代にもわたって洞窟壁画の技術を伝えるべく専門的集団の教育を行っていた形跡がある。ムラ社会においても、頂点の権力者による組織統制を固めるための教育が若者組のような形で行われてきた。近代社会の進展においては、近代学校教育制度がそれを支えてきた。現代においては、社会の構造が複雑化すればするほど、さまざまなフェーズでの教育が必要となってきている。また、その多くを安易に学校教育に担わせてきた日本社会の状況がすでに限界にあるとも言える。

芸術はもともと教育的要素を含んでいる。音楽、文学、演劇、美術などによって、その質に違いはあるが、人と人の繋がりの上に人としての存在がある以上、芸術は人とともにある。ただし、本書は哲学的な芸術論や美術論を展開することは目指していない。寧ろそのような芸術美術論では見えない美術の臨界を教育の視点から探ろうとするものである。ここで言う「臨界」とは核分裂反応などの科学用語ではなく、モノがひとつの状態から別の状態に変化するその境目、もしくはその現象を意味している。歴史を紐解いてみるならば、それぞれの時代の人々のエネルギーがある種の限界に達したときに生じる「臨界」の繰り返しが、芸術美術の歴史ではないかと考えている。また、本書は美術に対して苦手意識のある人たちを想定している。このことは、美術とは何か、なぜ必要なのか、教育としての意義は何かを問うことに繋がると考える。

知識やその理解を中心とする初等中等教育における教科、たとえば算数や数学は、上位の学問としての数学があり、その基礎部分を各学校教育の段階に応じた学習として整理されている。しかし、美術にそのような学問的系統性は希薄である。ある価値基準による順位性が明確なものとは対極に位置すると言える。すなわち、幼児が描いているときの感性と、ピカソが描いているときの感性の働きに、どの程度の差があるのか、あるいはないのかは不明である。何より、晩年のピカソは「この歳になって、やっと子どものように絵が描けるようになった」とのことばを残している。

価値基準が明確でないものに対峙するということは、自らの価値観と感性によって判断することになる。しかし、我々は今、「私」を主語にして物事を考えることの困難な時代にある。インターネット普及以前と以後では、自身の思考回路の中に組み込まれていく情報量の差は計り知れない。また、SNS（Social Networking Service）は社会的同調圧力を増し、近年のAI（Artificial Intelligence、人工知能）の急激な進歩は「私」を主語にして考えることの意味さえ見えなくしている。しかしながら、「私」が「私である」が故に、我々は膨大な情報を整理し、AIには不可能な人間としての思考が可能なのである。人類が「私」の意識を持ち得たのはいつからかわからないが、そのときが真の人類誕生と言えるのではないか。そして「私」の意識は、「私」が所属する社会の中で変化しつつ歴史を刻んできた。その歴史こそが芸術の母体であると考えている。

その「私」の歴史は「多文化共生」へと進む現代社会において、今、新たな意識改革が必要な局面を迎えている。「多文化共生」の社会とは、本文中でも取り上げている「ＶＵＣＡ」のことばが示す変動性（Volatility）、不確実性（Uncertainty）、複雑性（Complexity）、曖昧性（Ambiguity）がキーワードとなる社会でもある。すなわち、「ＶＵＣＡ」とともにある「多文化共生」へと進もうとするとき、「私」が埋没している状況は、個人としても社会全体としても多くの失敗と過ちをもたらすことになりかねない。多様で複雑な他者の「私」と共存することのできる「私」が、今求められるのである。そして、共生から学び、変化し成長するさまざまな「私」が、文化芸術の豊かな平和な世界を拡大することになる。

画家や彫刻家などいわゆるアーティストの仕事は、それぞれ独自の価値観や感性によって成立している。自らの世界観や人間観をさまざまな方法によって表現し、自身の価値観を世界に問いかける。その独自性こそがアートの存在理由でもある。その独自な世界観や人間観、そして感性と出会う鑑賞者もまた、自身の価値観や感性でその表現と向き合うことになる。美術作品を鑑賞するという行為では、知識やある種の定理よりも鑑賞者自身の価値観と感性こそが重要である。表現者の価値観や感性とそれを受け取る側の価値観や感性との狭間にアートは存在する。定義は後ほど本節で試みるが、美術が苦手な人とは、自らの価値観や感性に自信や確信を持つことを得意としない人のことでもある。本書は、私の美術教育における教育実践と研究を基にした美術教育論である。「美術が苦手な人」を想定してはいるが、本書を読んで美術愛好者を増やすとか、わからない美術をわかるようにするなどの思いは全くない。本書に収めた論点の多くは、一般的な美術評論とも違うし、教育論文とも言い難い。むしろ私見を中心とする随筆になっている。本書を通して、美術が苦手な人はもちろん、さまざまな立場で美術と関わる人には、美術に対する不信感や苦手意識の背景についての理解を通して、実社会における美術の意味を考えてほしい。

本書ではなるべく平易なことばを用いるとともに、図版は用いていない。絵や写真などのイメージには、文字とは違った独自性や影響力がある。本書が美術を苦手とする人を想定しているときに、そのような図版を用いて考察することはふさわしくないと思う。そして、最終的に美術が苦手であろうとも得意であろうとも、また、ＡＩがどのような変革を社会にもたらそうとも、すべての人が自らの感覚や感性を生かし、自身の価値観に自信を持って生きていくことを本書は目指している。

第1章　美術が苦手な人

美術が苦手な人

美術が苦手な人とは、どのような人か。

どの領域でも同じであるが、ある領域の中にいる者には、その領域を否定する者の考えはなかなかわからないし、その存在さえ気づかないことも多い。美術の領域で生きている者、美術家、美術研究家、美術教育者、美術愛好者等にとっては、美術が苦手な人を理解するのは難しい。私もまたその一人であるが、ここでは少しこれまでの経験を踏まえて考察してみたい。

美術を苦手とする理由も状況もさまざまであろうが、ひとまずここでは、小学校の図画工作、中学校の美術、高等学校の芸術科美術・工芸の授業で幸せな出会いがなかった人、むしろ嫌な思いや挫折感を味わってきた人、そして大人になった今も美術から一定の距離を置くか、美術を拒否もしくは無関心でいる人と想定する。そのような人の数や割合を示すデータはないが、相当数いるのではないかと推測される。この推測は、私自身が長く学校教育における美術教育に携わってきた経験を基にしている。少し詳しく述べるならば、中学校、高等学校の美術教師を二三年間、美術大学での美術科教員養成を二一年にわたって担当してきた経験からの推測である。さらにこの推測を掘り下げてみると、美術が苦手な人が持つ不信感や苦手意識の対象となるのは、主として近代から現代の美術であることが多く、そこにはいくつかのタイプを想定できそうである。

そのタイプは、美術を苦手とする人が美術と対面せざるを得なくなったときのその態度から分類することができるだろう。第一は、絵を描く創造性や器用さはもちろんのこと、芸術を感受する美術的感性なども自分になく、美術を鑑賞する資質や能力も備わっていないとする典型的で最も多いタイプである。その次は、「無視」である。美術は最初から自分とは無関係な領域であり、美術関係者も無視の対象となる。第三には「拒否・否定」とでも言うべきタイプで、少数ではあるが美術を含めて芸術全般に不信感を持つタイプである。その意見を聞けば、美術や芸術は人生において無駄という見解が返ってくることが多い。第四に、無駄論にやや似ているが、「美術の授業拒否」がある。美術教育を専門とする立場としては一番気になるタイプである。美術を否定しないし無視もしないが、中学校や高等学校での美術の授業に不信感を持つ点では「拒否・否定」に通じる面もある。おそらく、中学生や高校生としての楽しく充実した学びを、美術の授業の中に見出せなかったし、場合によっては傷つき、悲しい思いさえしたのかもしれない。

このようにさまざまなタイプの美術を苦手とする人たちを中心として、社会全般に美術はよくわからないものという不信感が根強く存在していると考えても間違いではなさそうである。

一方で、小・中・高の図画工作や美術の授業は苦手だったが、美術に対する興味関心は持ち続けているという人もいる。美術大学に学ぶ学生の話を聞くと、このタイプであるとする学生は案外に多い。小学校の図画工作の時間は楽しかったけど、中学校の美術科はつまらなかった。だから、高等学校では美術ではなく、音楽を選択したという学生もいる。それでも、絵画やデザインへの興味関心が膨らみ、美術大学へ進学してきたのである。そもそも、小学校図画工作科や中学校美術科、高等学校芸術科美術・工芸の授業での学びと美術の専門教育との関係は微妙である。このことは別章で詳しく扱うことになるが、普通教育と専門教育という区分けの曖昧さも、美術を苦手とする人の在り様を考える上で、重要な要素と言える。

ここまで、美術が苦手な人のタイプについて述べてきたが、美術教育を専門とする立場からすれば、あらゆる人が美術に興味関心があり、人には等しく造形的創造力があることが、美術教育の前提となっている。さらに、画家や彫刻家、デザイナー、工芸家などの専門家は、得手不得手や程度の差はあったとしても世の中のすべての人が美術に興味関心を持っていると考える傾向がある。しかし、それはどの分野の専門家でも陥る希望的誤認ではないだろうか。自分が拠って立つ場を否定する人の存在を認めるのは難しい。

たいがいの児童は、就学前から、絵を描いたり、何か細工らしいことをする。児童が描写らしいことを始めるのは、早ければ生後一ケ年ぐらいから見られるが、その遅速は、環境の差にもより、また、先天的な素質の差にもよる。

人は、だれでも、何か形あるものを作ろうとする造形衝動と、手足を働かせて仕事をしようとする仕事の衝動とを持っている。この二つの衝動が造形力の基礎となるのであるが、造形衝動は物的環境に左右されることが多く、仕事の衝動は社会的環境に左右されることが多い。

この文章は一九四六（昭和二一）年八月に、当時の文部省が連合軍総司令部民間情報教育部より「コース・オブ・スタディ」すなわち「学習指導要領」を編修するよう指示を受け、翌年、「学習指導要領（試案）」として発表したもののうち、その「図画工作編」の第二章に記載された冒頭部分である。「学習指導要領」そのものについては他節（60頁「美術の学びが必要な時代」、68頁「造形美術教育研究の課題」参照）で扱うとして、この文章の後には、第一、二学年児童（現在の小学校第一学年及び第二学年児童）から第七、八、九学年生徒（現在の中学校第一学年、第二学年、第三学年生徒）までの各学年の造形活動の特徴や図画工作（当時は中学校も図画工作科）における学習指導の注意点などが述べられている。この一年前、一九四五（昭和二〇）年までは、軍人の絵を描き、粘土で戦車や軍艦をつくっていた図画工作（当時の教科名は芸能科）の授業と比較するならば、大きな人間観、造形観の変化である。そして、ここから学校教育としての戦後の美術教育は再スタートしたと言える。

今、ここで考えたいのは、「たいがいの児童」にこのような造形力の基礎が備わっているとするならば、これと美術を苦手とする人とはどのような関係になるのだろうか。

一つは、子ども期の造形活動と広く社会に存在する美術文化は別なものであるとする見解がある。また、さまざまな発達心理学者の研究では、子ども期から大人へと成長する思春期の段階で、造形や美術に関する興味関心が薄れてしまうという研究もある。確かに、幼稚園から小学校中学年にかけてあれほど描いたりつくったり、その延長としての破壊活動をしていた子どもが、その造形活動の意欲を急激になくすことは、多くの教師や研究者から報告されている。ならば、美術を苦手とする人たちは、もともと苦手なのではなく、その成長の過程でそのように育てられた、もしくはそうなるべくしてなったという可能性もある。

美術大学の学生に対して、自分の家族や知り合いが美術とは無縁な経歴の人であるならば、「大きな木が両側に続くまっすぐな並木道の中央に立ち、その道の突き当たりを見ると学校がある。」という短文を説明して、その情景を簡単に描いてもらいなさいと指示をしたことがある。その結果の多くは、描画に関する発達段階の研究では疑似写実期の段階とも言われる、年齢的には一〇歳から一三歳あたりでよく見られる描画となっていた。具体的には、まっすぐな道の手前は広く、遠くは狭くなっているように描くことはほとんど描けているが、両側の並木は横に倒れたり斜めになったりしていた。並木が直立して遠方程小さく描かれていても、上空から見下ろした鳥瞰図のようなものであった。美術大学の学生にとっては、一点透視図法によってさほどの手間もなく描けるものであるだけに、描くよう依頼した学生自身もその結果には驚いたようである。中には、それを描くよう依頼した途端に親が不機嫌になったとか、馬鹿にする気かと怒られた学生もいた。

これは一点透視図法を教えるとか教えないという話ではない。透視図法による写実的な絵を描くことのできる自分たちが特殊なのだということを、学生たちに理解させることが目的である。前述の「学習指導要領（試案）」に示された「たいがいの児童」に備わっている造形力は、一〇歳から一三歳の段階でその成長を止めるのが一般的なのであり、それ以降については、自ら学び習得する必要があるものなのである。しかし、疑似写実期段階のままで成長した人が、仕事や生活において支障があるとか、学び直す必要があるなどということはまずない。描画については一〇歳から一三歳の段階であるが、社会的に重要な役割を果たしている人は普通にいる。そこにも美術を苦手とする人の思いがある。すなわち、自分とって美術は必要のないものであり、実際に美術を苦手として困ったことはほとんどないのである。美術の領域で生きている者、美術家、美術研究家、美術教育者、美術愛好者が気づくべきは、自分が特殊であり、自分の周りにいるかなりの数の人たちが、タイプはさまざまあるが、美術を苦手とするということである。

才能論

美術を苦手とする人たちと美術の話をするとき、よく出てくるキーワードが「才能」である。しかしながら、初等中等教育における学校教育の学習目的や内容を示す学習指導要領にはこのことばはない。現行の「学習指導要領」では各教科が育むべきものとして、それぞれの「資質・能力」が示されている。今、少し詳しくこの資質や能力、そして才能について考えてみる。

まず「能力」と発音も意味もよく似たことばとして「脳力」がある。その定義は明確ではないが、「脳力」は思考力をはじめとして脳が発揮する力全般を意味し、脳細胞がつくる回路の働きが重要とされる。一方「能力」は、「脳力」によって生み出される精神的及び身体的に物事を成し得る力を指す。そして、「能力」は学習や訓練によって成長し、後天的に習得されるものであり、「脳力」は脳そのものの働きであることから先天的なものと理解されている。したがって、「資質」は、その「脳力」の性質や傾向を示すものと言うことができる。

これらを前提として、我々が日常的に使う「才能」のことばが意味するものを考えてみると、「ある分野における優れた能力」と把握することができる。したがって、「能力」である以上、後天的なもの、学習によって獲得されるべきものなのであるが、美術が苦手な人たちとの会話に出てくる「才能」には、先天的なものとしての「脳力」の要素が強いように思われる。すなわち、天賦の才としての美術に関する「才能」を持ち得ないことが、美術が苦手な理由となっている場合が多い。

近年は脳に関する研究が進む中で、人間の脳力全体からすればまだ糸口程度であるが、脳のさまざまな領域や関連のみならず、創造性の在り処さえも次第に解明されるようになってきた。その一方で、人間の複雑で豊かなさまざまな脳力に対して、知識の量のみで脳力を評価する傾向もまだ根強い。「頭のよい子」を目指す知識注入型の学習教材商品も流行し、教育の目的は知識の量による偏狭な「頭のよさ」にあるとする旧来型の教育論もまだ幅を利かせている。しかし、ＡＩ（人工知能）がすでに人間の脳力を超えると言われる現代において、知識の量で評価する「頭のよさ」にいかほどの価値があるだろうか。人間の行動はいつも総体的であり、ある行動に際して中心的に働いている脳の部位はあったとしても、限定された「脳力」のみが働いている場面はほとんどない。子どもたちの学校での学習においても、国語ではことばの「脳力」を、算数では理数的な理解力だけを用いているのではなく、それぞれの年齢で働かすことのできる「脳力」のすべてを用いて体験し学んでいる。すなわち、感情や意思を伴う認知や思考、身体性などのすべての「脳力」全体を活動させることが学びの本質であり、それぞれの「資質」を伸ばし「能力」を獲得することになる。

美術における「才能」論もまた、偏狭な「脳力」論に似ている。前述したように、子どもたちの学習に、各教科の学習に対応したそれぞれの「脳力」があるのではなく、子どもたちは、教科ごとに自身の「脳力」の生かし方や使い方を変化させてさまざまな「能力」を獲得しているのである。したがって、図画工作や美術の授業だけで働く「脳力」はない。すべての「脳力」を最大限に活用し、自らの「資質」を伸ばし、図工美術ならではの「能力」を育んでいるのである。すなわち、美術が苦手な人が口にする天賦の才としての美術の「才能」なるものは存在しないと言えるし、少なくとも美術を得意とする人たちと美術が苦手な人たちを、美術の「才能」によって区分する理由はどこにもない。別の言い方をすれば、美術が得意であるか、または美術が苦手であるかは、生まれつきとして決まっているものではないことは明らかである。問題はその分かれ道がどこにあるのかである。

一方、芸術の領域を中心にして「天才」に対する期待論も昔から存在する。また、英才教育はいつの時代にも教育熱心な親たちに魅力的に捉えられてきた。近年は「特定分野に特異な才能のある児童生徒」を意味する「ギフテッド」と称される子どもたちの研究も始まっている。美術史を紐解いてみると、天才画家、天才彫刻家などの論評も数多く目にする。しかし、ここで天才は存在するのか、いかなる特殊な「脳力」を有するのかを論ずることは本書の意図するところではない。それは私が、美術が苦手な人たちが苦手とする美術は、天才や特殊な「脳力」を持った人によって発展してきたものではないと考えているからである。

多様な資質・能力を持つ多彩な人たちが関わることで進化してきた美術文化であるとの認識に、反論は少ないと考える。何より、自分には美術に関する天賦の才があると公言する美術家の数はそう多くはないようである。

「美」の共有

奈良・興福寺の《阿修羅像》は美しい。それは仏像鑑賞愛好者のみならず、興福寺を訪れた人の多くが、最も美しい仏像の一つとして記憶に残していると言っても過言ではないだろう。またそれは、さまざまな国や地域の多様な文化背景を持つ海外からの来訪者でも同じようである。では、《阿修羅像》にはすべての人が美として感じ得る、絶対的な「美」が存在するのだろうか。

あらかじめ断っておくと、ここで美しさについての哲学的論考をするつもりはない。本書の主旨としても、美術を哲学的、美学的論点から考えるのではなく、子どもから大人までの芸術や美術に対する行動を教育という視点から考察することを目的としている。したがってここでは、誰もが美しいと感じ得る「美」なるものは存在するのか、そして仮にそれがあったとして、人はその美しいと感じる感性を共有できるものであろうかという点について考えてみたい。

興福寺の《阿修羅像》に話を戻すと、この《阿修羅像》は、現在の文部科学省検定済中学校美術科教科書に掲載される美術作品の定番中の定番と言える。中学校美術科では、美術文化に関する学習が内容として含まれており、特に日本の美術については鑑賞の対象として重要である。日本美術と言っても絵画から彫刻、工芸などその種類は多様であり、歴史的にも広く、深い。それらをすべて通史的に学ぶのではなく、日本の美術のよさや美しさに気づき、興味関心を育むことが主たる学習の目的である。

このような鑑賞の学習で、最初に中学生が出会う日本美術の代表作の一つとして《阿修羅像》は理想的である。その理由は、最初に示したように《阿修羅像》の美しさは、多くの人にとって、わかりやすく感じ取りやすいという点である。生徒同士でも共感しやすい美しさがあることは、授業としては重要な要素である。ただし、現在の鑑賞の学習では、《阿修羅像》を美しいとは思わない、好きではないという感想を持った生徒がいたとしても、なぜそう思うかを自分のことばで示すことができるならば、《阿修羅像》を鑑賞する学習において、その生徒は十分な成果を得たと評価されることになる。とはいえ、最初の日本美術との出会いが幸福なものであることに越したことはない。共感しやすい美しさを持った興福寺の《阿修羅像》は、その出会いを演出するのに最適な日本美術の代表作と言える。

そもそも、美しさが教育の対象となるまでには、我が国の学校教育における歴史的変遷を振り返る必要がある。明治に始まる初期の学校教育においては、造形における「美」は教育の対象ではなかった。「罫画《けいが》」と呼ばれる線画による形態の理解はあったが、そこには美しさという視点はない。やがて、日本画家や西洋画家が描いたお手本を描き写す「臨画《りんが》」と呼ばれる方法による図画教育が、明治一〇年代から始まる。そのとき、鉛筆によってこれを子どもたちに書き写させるのか、それともより身近な存在であった毛筆によってなすべきかという鉛筆画毛筆画論争が起こる。これは、明治の初年から急激に進んだ西洋化に対して、国粋主義的な思想が台頭してきたこともその背景にある。その論争は詰まるところ、子どもたちに育てるべき「美感」は、これまでの我が国の伝統に根差したものか、はたまたこれからの西欧を中心とする世界観では、西洋的美感こそが求められるとする教育論争となるのである。当時の文部省の結論は「共に在り」となるが、ここにおいて「美感を養う」との教育目標が成立し、「美」が教育の対象となっていくのである。

しかし、ここでの「美」は公の美とでも言うべきものであり、当時の文部省内の担当者や美術界の権威が設定した美感であった。子どもは未完成な大人であり、早く大人の美感を与え育てることが図画教育の目的となっていた。それはまた、一九〇七（明治四〇）年の第一回文展、すなわち文部省美術展覧会の開催などによって、世の中の美の規範化が進められた時代と重なる。そして図画教育に限るならば、第二次世界大戦敗戦まで、この公の美の注入が指導の基本となるのである。ただ、大正期に画家・版画家である山本鼎《やまもとかなえ》が提唱した「自由画教育運動」は、「臨画」による教育の無意味さを指摘し、子ども自身の美感の育成を主張した民間教育運動として特筆できる。

山本が臨画による図画教育に苦言を呈したその背景には、一九世紀末から二〇世紀初頭における近代美術の出現がある。先ほどの文展のような官営の美術展において、多くの人々が納得できるような美の規範を示すことなどはもはや意味を成さず、近代の美術は大きく変化し、多様性を広げていたのである。明治末から昭和にかけて活躍した山本は、一九一二（明治四五）年から一九一六（大正五）年にかけてのヨーロッパ留学において、この美の拡張ともいうべき状況を目の当たりにしている。そのような新たな芸術運動の展開は、当然のことながら新たな哲学や自然科学をはじめとする学問の進展、社会における産業構造の変化、そして人間観の広がりなどと連動している。子ども観もまたしかりである。大人の未完成なものとしての存在であった子どもは、ここに来て再発見されるのである。

その具体的な事例として、山本の「自由画教育運動」とよく比較される「チゼックスクール」の実践がある。「チゼックスクール」は、チェコ出身のフランツ・チゼックによって、一九〇〇年前後からウィーンにおいて展開された子どものための造形教室である。画学生としてウィーンに来たチゼックは、子どもたちが路地裏の道路に描いたいわゆる落書きに、生命力あふれる造形美を発見したところから、子どもの美術の研究を始めている。やがて「チゼックスクール」の子どもたちの作品は、当時ウィーンを中心にして活躍していた分離派の作家たちからも支持され、ヨーロッパ全土に広がっていく。しかしながら、日本の「自由画教育運動」もウィーンの「チゼックスクール」も、間もなく軍事国家の台頭と世界大戦によって、社会全体の「美」の拡張と同じく封殺されていく。

第二次世界大戦終戦後は、停滞や封殺から解放された芸術活動や美術運動が一気に花開いていく。初等中等教育における美術教育では「美感」が「感性」となり、豊かな「情緒」を育てることを目的として展開されていくことになった。すなわち、子どもに自らの意思による表現を保障し、指導者はそのための支援が主たる指導方法となっていくのである。これまでの権威や制度によって規定されてきた「美」の注入から、個人の意思としての「美」が生まれるその過程に教育的意味や価値を置く美術教育のはじまりである。しかしながら、やがて個々人に根差し、個性的に広がる「美」をどのように評価すべきか、という問題が生じてくることになる。

美術界においては、あらたな美術運動が多様に展開し、さまざまな芸術論が飛び交う中で、特色ある主張を持った美術団体なども数多く設立されるとともに、現代美術の多様性ゆえに、それらを研究しその座標軸を示す美術評論が重要性を増していく。現代美術をひと言でまとめるならば、それはひたすら拡大、膨張し、独自性と大衆性を併せ持つ価値観による造形や美であって、規範や権威とは真逆にあるものである。そのような拡大する価値観の中で、子どもたちに対する美術教育は、いまだ十分に対応できているとは言い難い。小学校の図画工作にしても中学校や高等学校の美術や工芸においても、指導者と児童生徒という関係性は不変である。そして、一部の指導者にとっては、規範や権威がいまだに拠り所となっている指導も散見される。

子どもたち各人の個性や感性から発せられる価値観や美意識を、教育という視点で分析、把握し、そして最終的に評価する仕事は、大きな困難を伴うものである。その困難さゆえに、一部の指導者の間では、子どもらしい表現というプロトタイプ、すなわち規範をつくり出し、それに適合する表現へと誘導する本末転倒な指導方法なども広がっている。規範や権威が消え去った後に求められる美術教育とは何か、あらためて考える必要がある。

そのような混乱は、学校教育だけのことではない。今ここで、社会における美意識や造形性を中心とする価値観を総括的に象徴的に表すものして「美」と表現するならば、本書が想定する「美術を苦手とする人」とは、そのような混乱の中で、自身の「美」に確信がない人と言うこともできる。権威の影響力や存在そのものが薄くなる社会において、自らの「美」の拠り所がない状況が現代であると言うこともできるだろう。つまり、このような規範や権威のない「美」の混沌とした状況こそが、苦手意識を生み出してしまうと言うこともできる。一方、そのような「美」の混沌こそが、新たな芸術や美術を生み出す力となっていることも事実である。

本来、各個人の「美」とは何人も介入できるものではない。自らの内に存在し、場合によっては自らもその存在を理解できていないこともある。しかし、現代の混沌とする価値観とともに、これからの多様性を基盤とする社会においては、自らの「美」が一層意識される状況が予想される。

すなわち、多様な価値観と文化背景を持った他者との直接的、間接的な関わりが増加する中では、これまでになかった展開が予想される。そこでは新たな創造が生まれると同時に、場合によっては対立や軋みも生じるであろうことは想像に難くない。このような社会を自らの意思と判断によって生きていくためには、自己意識の深まりが一層必要になる。なぜならば、自己意識なくして他者理解はあり得ないし、自身の価値観なくして他者との協働もあり得ない。その大きな要素の一つとして「美」が重要性を増すことになるだろう。それは、「美」がことば以上に、相互理解と共感を育みやすく、逆に対立や反感も生じやすいからである。理屈としての相互理解以上に感性的相互理解が、多様性の社会では求められることになる。もはや「美」は、美術作品の鑑賞のような、単なる美術や芸術と自分との関係性の問題ではなく、生き方そのものの問題となるのである。

また、多様性を基盤とする社会では、これまで以上に複雑な人間関係が生まれると同時に、その凌ぎ合いの中で、美術文化はさらにあらゆる場面に拡大すると思われる。もはや誰も美術文化を無視し続けることができないほど、より多様性のある美術文化が社会全体に広がることになる。自らの「美」に確信を持てず、美術が苦手であろうとも、自らの「美」がこれまで以上に複雑な影響を受け続ける社会を生きることになるであろうことは間違いない。

ここで「美」の共有という視点が重要になってくる。「美術が苦手な人」が、混沌とする価値観と多様性を基盤とする社会を自らの意思と判断で生きていこうとするとき、方法の一つとして、「美」の共有がある。「共有」には自然発生的な共通性はあるが、規範や模範などの強制はない。必要なのは、自身の「美」の扉を開く力と謙虚さである。過去のように、「注入」や「教授」ではなく、「共有」することが、規範や権威が消え去った後の混乱と多様性の中で必要な姿勢であり、行動である。

ここで、話を興福寺の《阿修羅像》に戻すならば、《阿修羅像》を題材として行われる中学校美術科の鑑賞の授業は、直接的間接的に修学旅行との関係を踏まえて実施されることが多い。中学校の修学旅行先のトップは今でも京都・奈良である。そうなると見学場所の多くは神社仏閣であり、具体的には仏像をはじめとする日本美術の実地鑑賞となる。その導入として《阿修羅像》の鑑賞は題材化に適している。そこでの学習の目的は、《阿修羅像》を知ることではない。目前の修学旅行から始まり、これから先の人生においてまで、さまざまな日本の美術との出会いを重ね、それぞれのよさや美しさを自分なりの視点で鑑賞できるようにすることが目的である。阿修羅が八部衆の一人であること、天平期に盛んにつくられた脱乾漆《だつかんしつ》の技法の特徴であるリアルな表情などは、知識として提示されたとしても、それは自分の見方をより深くするためのものであり結論ではない。

優れた授業事例を見てみると、何よりもまず、最初の出会いを大切にしている。現在は画像の提示がさまざまな方法で広がっており、実物大の画像さえも比較的容易く教室に持ち込めるようになってきた。そして、いかなる方法にせよ《阿修羅像》の「美」は、初見の段階から指導者と生徒の間、生徒同士の間で「共有」が可能である。日常的に仏像とは縁遠い中学生にとっても、《阿修羅像》の「美」は、お互いに語り合い「共有」し合うことができる。そして、「共有」された《阿修羅像》の「美」は、各自の自信や確信となって根づいていく。自分の思いや判断が他者のそれと響き合い、新たな気づきを生み出す。《阿修羅像》の「美」についての規範的、権威的解説などなくとも、各自の視点から「美」を見出すことが可能なことが、この《阿修羅像》が教科書掲載の定番作品となっている最大の理由なのである。

近年、「対話式鑑賞法」が広がるにつれて、指導者やファシリテータによる美術館などでのギャラリートークのような鑑賞スタイルが一般化されてきた。一方、「美」を前にしたとき、我々は隣の家族や友人、知人と「会話」をする。それは極自然な行動であり、欲求でもある。そしてその会話を成立させるものが「共有」感覚である。指導者やファシリテータによる対話の誘導よりも、極自然な家族や友人との会話が重要である。到達すべきゴールなどない、会話の広がりから生まれる「美」の「共有」こそ、価値観の混乱する現代に必要な芸術や美術との触れ合い方ではないかと考える。二〇〇九（平成二一）年に東京国立博物館で開催された「興福寺創建一三〇〇年記念・国宝阿修羅展」で長い行列をつくっていた人々の間からは、ささやくような会話の声が絶えず聞こえていた。

アートインフラ

本節では、現代社会における美術領域のアウトラインを、数値データとして確認できるものを基に考えてみる。具体的には美術館への入館者数をはじめとして、美術愛好者の動向が把握できれば、本書が想定する美術を苦手とする人たちの状況も見えてくると考えられる。

美術を愛好する人たちが美術に触れ楽しもうとするとき、我が国にはどのような場や機会があるのだろうか。これを美術と専門的に関わる人、作家、表現者、研究者などから言えば、自らの活動の場と言うこともできるし、美術を愛好する人たちと専門家が間接的、直接的に出会う場と言うこともできる。

アートインフラとでも言った方がよい我々がアートと出会う場や機会の第一は、やはり美術館である。そもそも美術館・博物館の定義は「博物館法」によれば、「歴史資料や美術品や自然史資料、動植物など、資料の種類にかかわらず、資料の収集・保管（育成）、展示、資料についての調査研究、教育普及活動やレクリエーションに資するために必要な事業等を行うことを目的とする機関」ということになる。

同法では、「登録博物館」、「博物館相当施設」の種別があり、「登録博物館」は地方公共団体、一般社団法人、宗教法人などが設置し、館長や学芸員を置き年間一五〇日以上開館することが条件となっている。また、その登録や指定は、都道府県教育委員会もしくは指定都市教育委員会となっている。「博物館相当施設」は設置者に係る制限はないが、学芸員に相当する職員がいること、年間一〇〇日以上開館などが条件となり、都道府県教育委員会及び指定都市教育委員会が登録・指定するが、設置主体が国及び独立行政法人、国立大学法人の場合は国となる。なお、この二つ以外に分類される「博物館類似施設」については、特段の条件はなく、博物館と類似の事業を行う施設とされている。

このような分類による施設数は、文部科学省の「社会教育調査」によると、二〇一八（平成三〇）年一〇月現在、登録博物館が九一四館、博物館相当施設が三七二館、類似施設が四四五二館、合計五七三八館となっている。

文化庁は、国立博物館は文化財の保存及び活用を、国立美術館は芸術文化の創造と発展を、国立科学博物館は自然科学及び社会教育の振興を目的としたものとし、博物館を総称としている。場合によって美術博物館という名称を用いることもある。現在、独立行政法人国立文化財機構として、文化財研究所（東京・奈良）とともに、東京国立博物館、京都国立博物館、奈良国立博物館、九州国立博物館がある。国立美術館については独立行政法人国立美術館として、東京国立近代美術館、国立工芸館、京都国立近代美術館、国立映画アーカイブ、国立西洋美術館、国立国際美術館、国立新美術館がある。これらに加えて、国立科学博物館や国立民族学博物館、国立歴史民俗博物館、国立アイヌ民族博物館などがある。

また、全国の美術館が連携して企画や研究を行うために組織している団体もあり、その代表格が、「一般社団法人全国美術館会議」である。二〇二三（令和五）年現在、この団体には国立美術館一一館、公立美術館二五九館、私立一四〇館、計四一〇館が加盟しているが、任意加盟の組織であるためすべての美術館が加盟しているわけではない。しかし、網羅的に国公私立の美術館が加盟しているという点では、加盟数は一番多い組織である。また、これとは別の「美術館連絡協議会」には、四七都道府県の公立美術館約一五〇館が加盟している。

では、このような博物館や美術館にどれくらいの人々が入館しているのか、前述の文部科学省が実施した「社会教育調査」を基にした文化庁の発表を見てみる。二〇一九（令和元年）一二月以降は、コロナ禍によって急激に入館者が減少しているので、その直前の二〇一八年度のデータを見てみると、登録博物館六六九二万九〇〇〇人、相当博物館七五五二万七〇〇〇人、博物館類似施設一億六〇六一万三〇〇〇人となっている。合計は、三億三〇六万九〇〇〇人となる。これは延べ人数であり、一人が博物館や美術館を一年間に数回、人によっては数十回足を運ぶことを考慮すると、年間約三億人という数字をどう判断するかは難しいところである。特に、博物館類似施設には観光的要素の強い博物館的施設も相当数含まれており、最初から展示品の鑑賞を目的としない入館者が主流となる場合も含まれている。

この数字を客観的に理解するために、全くの異業種であるプロ野球の観客動員数を取り上げてみる。一般社団法人日本野球機構が公表している二〇一八年の観客動員数は、二五五五万人である。先ほどの登録博物館、登録相当博物館、博物館類似施設の入館者数とは一桁違う数字である。しかし、プロ野球の場合は一シーズンの試合数は八五八であり、野球と博物館では、観客を受け入れる能力が全く違う。また、プロ野球が内野席のチケットで四五〇〇円ぐらいが相場なのに対して、博物館や美術館では無料の場合も多い。

もう一つ、美術と近接領域にあるとも言える映画の来場者数と比較してみる。一般社団法人日本映画製作者連盟が発表している二〇一八年のデータでは、映画館スクリーン数三五六一に対して、入場者数は邦画と洋画合わせて、一億六九二一万人となっている。一本当たりの料金は、近年の大型美術展のチケットより安価な一三一五円であるが、大量の招待券が出回る美術展と比較すると、ほとんどが有料入場者であり、単純に博物館入館者数の半分と見ることはできない。野球にしても映画にしても、入場者は最初から野球観戦と映画鑑賞という目的が明確で、安いとは言えない料金を支払って入場する人たちである。博物館入館者約数三億人という数字は、数字としては決して小さい数字でないが、観光のついでとしての入館者の意識までも考慮するならば、我が国を、美術を愛好する人たちが多数いる社会と断言するには不足である。

我が国の美術の状況を理解する上で、もう一つ見ておいた方がよい数値がある。美術館の入館者数の一部ではあるが、美術の鑑賞と言うよりも制作表現に関わろうとする人たちの団体、すなわち「公募展」の言葉に代表される美術関係の団体やサークルの状況である。自らの意思によって美術団体を結成し活動するのであるから、アートインフラとは言い難いが、美術関係者や愛好者の総体を把握するには有効である。

公募展とは、公募に応じて広く一般から提出された作品を、その主催団体が指名する審査員によって審査し、入賞作品や入選作品を美術館などで開催する美術展に展示する団体のことである。ここでは、このようなコンクール的な公募展に加えて、審査を行わない自由に出品された作品を展示するアンデパンダン方式の団体や、同好会形式のサークル的な団体なども併せて、全体像を見ることにする。

まず、その内容を見ると、歴史もあり会員数も多く、日本画部門、洋画部門、彫刻部門、版画部門など表現領域が複数になる公募展もあれば、日本画のみを対象とする歴史の古い団体などもある。そして、このような公募展に出品する人たちは、いわゆるプロとしての画家や彫刻家を中核としながら、アマチュアとして制作を楽しむ人までさまざまである。そもそも美術の世界において、プロとアマチュアの線引きは難しい。

そのような団体の多くが展覧会場として利用するのが、東京都立美術館（東京・上野）と国立新美術館（東京・六本木）である。両館の年報から、同じく二〇一八年度の状況を見てみると次のようになっている。まず、東京都立美術館の場合、公募団体展と学校教育展を合わせたデータとなっているが、展覧会数年間二六五展、その入場者数一二九万五〇〇〇人となっている。なお、学校教育展はそのうち約二〇展である。国立新美術館においては、七五団体に展覧会場を貸し出し、その入場者数は一二〇万八〇〇〇人となっている。合計三四〇団体の中には、先ほどの学校教育関係の団体とともに、書道や盆栽など一般的な美術公募団体とは異なる領域の団体も含まれている。

前述の博物館入館者数約三億人という数字にこの公募展来場者数二館合計、約二五〇万人も含まれるが、この中から各団体の会員もしくは応募者として、どれくらいの人が作品を提出しているかは不明である。全公募団体の会員数の合計に関するデータもない。一例として、公募展の中でも最大級であり、一九〇七（明治四〇）年に第一回展が開催された文部省美術展覧会をルーツとする「日展」は、現在、公益社団法人となっているが、その現在の会員数などを見てみると、日本画、洋画、彫刻、工芸美術、書の各部門からなり、各部門合計の会員数五八二名、準会員一〇四名、会友二一六七名となっている。これは公募展の最大級組織の人数であり、中には会員数一〇〇名にも満たない団体も数多い。なお、公募展団体とは別に日本画、洋画、版画、彫刻の作家が個人として加盟し、社会における美術の役割の向上と振興への寄与を目的とする一般社団法人日本美術家連盟があり、その会員数は約五〇〇〇名となっている。

ここまで、博物館法に基づく美術館の状況や公募展について見てきたが、もう一つ、都会を中心に存在する画廊やギャラリーも美術やアートと出会う身近な空間と言うことができる。「身近な」としたが、美術を苦手とする人に話を聞くと、これほど入りにくく縁遠い場所はないようである。チケットを買って入館する美術館や博物館はまだしも、少人数での利用を前提とした狭い空間であるだけに、作家や画廊の人からよくわからない質問をされたり、感想など聞かれたりしたら困るし、場合によっては作品を売りつけられそうな不安もある。確かに、複製も含めた作品を売りつけることを目的にした客引きをするような画廊もどきの店舗もあるが、それよりも美術が苦手な自分が居てはいけない場所としての画廊のイメージが根底にあるようである。

画廊、ギャラリーがどのくらいあるかは不明であるが、近年は、展示スペースのある画廊、ギャラリーを持つギャラリストと呼ばれる美術商の活動が盛んである。ギャラリストのことばの中には、美術作品を販売するだけでなく、新人作家を発見し育て、新しい美術を世に発信する存在という意味も含まれるようになってきた。このようなギャラリストが集まり、開催されるアートフェアも規模を拡大しつつある。その詳細は別節にて取り上げる（187頁「アート好きの行方」参照）。

また、美術作品の売買では、画廊やギャラリーとはいささか性格が違うが古美術商もあり、その歴史は古い。主として、茶道具、古書画、近現代絵画、刀剣、工芸品などを扱い、東京、大阪、京都など大都市を中心として老舗も多く、博物館などのコレクションの形成にも関わってきた。各地域に古美術商の組合がつくられており、たとえば東京美術商協同組合の組合員数は約五〇〇名、大阪美術商協同組合は約四二〇名となっている。

ここまで日本社会におけるアートインフラと称することのできる美術館などの状況を見てきたが、美術教育を担当する立場からは、学校もアートインフラの一つであると考えている。学校にアートインフラのことばを使うにはいささか抵抗がある人もあるかもしれないが、子どもたちが芸術や美術と出会う場として学校を見るならば、学校は子どもたちにとっての最大のアートインフラである。

文部科学省の令和四年度の学校基本調査によると、全国の幼稚園及び幼保連携型認定こども園が約一万五七〇〇園、小学校は約一万九〇〇〇校、中学校約一万校、義務教育学校約一八〇校、高等学校約四八〇〇校、中等教育学校約六〇校、特別支援学校約一七〇〇校などとなっている。そして、小学校以上のほとんどの学校には図画工作室や美術教室があり、授業時間数は多くはないが、毎週、造形活動を楽しみ、美術や美術文化と出会い、自らの感性や創造性を育む教育が展開されている。

小学校の図画工作や中学校の美術などの授業は、学校教育における教科の学習であり、学習指導要領によって目標や内容などが規定されているが、教材は造形活動や美術文化そのものである。それは、社会全体という視点から見るならば、子どもたちにとって一番身近なアートインフラである。近年は、美術館やギャラリーなどでも子どもたち向けのプログラムやワークショップが数多く開催されているが、それは都市部のことであり、全国津々浦々までとはいかない。しかし、山村や離島の児童生徒数一桁の学校の子どもたちであっても、図画工作や美術の授業はあり、多くの美術作品が掲載されている美しい図工美術の教科書を身近に持っているのである。

しかしそこには、図工室や美術教室があっても、さまざまな作品が掲載された教科書をすべての小・中学生と美術や工芸を選択した高校生が持っていたとしても、その空間で展開される授業の質が必要とされる教育活動となっているかどうかという問題もある。授業の質を保つためには、当然のことながら、よき指導者が必要となってくる。美術教師についての詳細な状況は別節において取り上げるが、近年、中学校や高等学校においては専任の美術教師が減少するという現実もある。

最後に、このような数値データだけで、日本社会における美術領域の状況を把握することは当然できるものではない。把握できるような組織や人材が必要であるとも考えるが、それよりも前に、その視点を多くの人が持つことが重要である。それは社会における美術の領域を拡大することが目的ではない。ましてや美術が苦手な人を少なくすることでもない。美術文化が豊かであり、芸術の領域が広がり、多くの人が芸術とともに暮らす社会とは、誰にとっても平和な社会であることに間違いはないからである。

第2章 — 美術と関わる

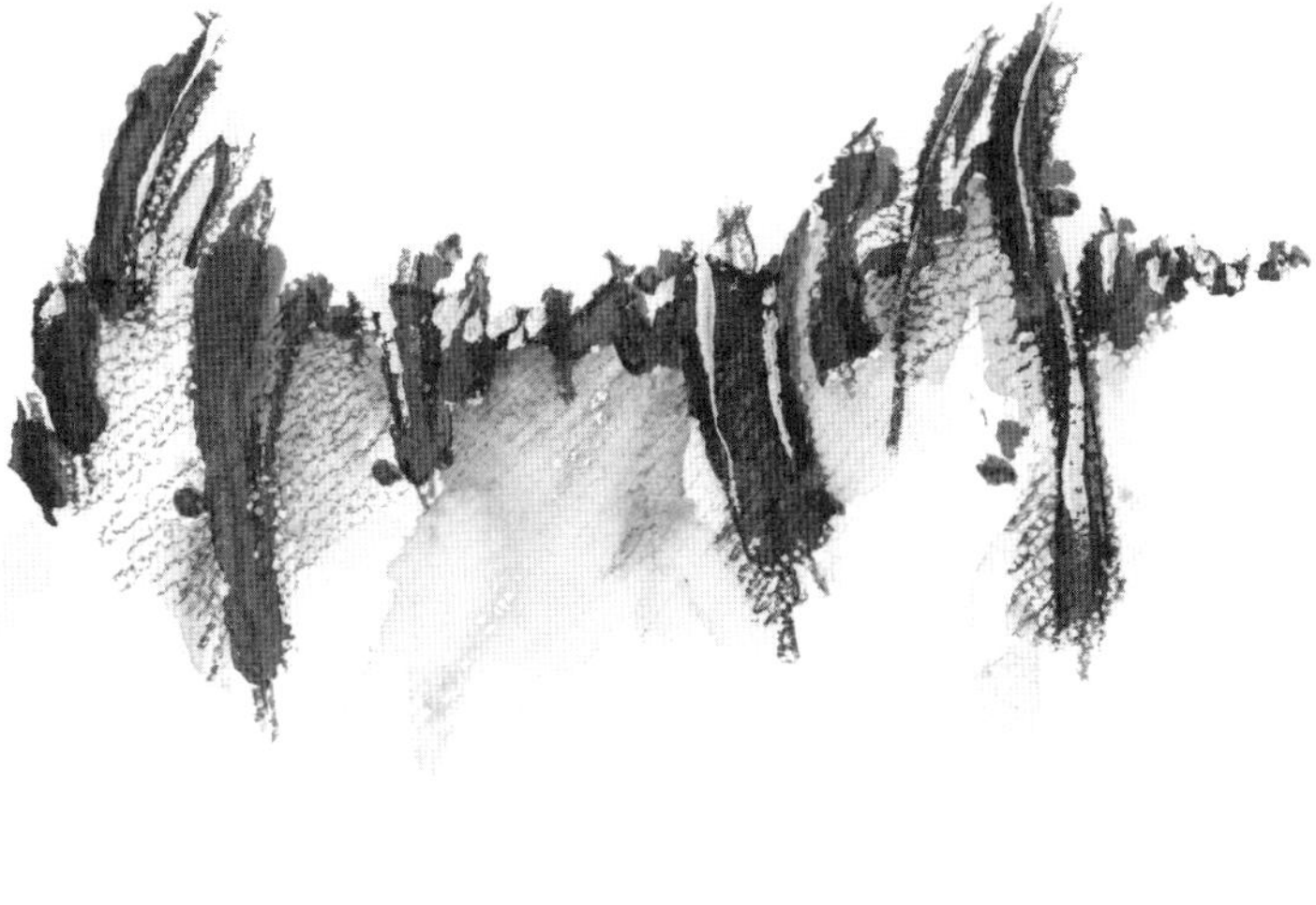

見ることへのこだわり

ここからは、美術との関わり方について考えてみたい。

まず、見るという美術にとっては最も基本的な関わり方を取り上げる。突然ではあるが、私は眼がよい。正確にはよかった。東京都立高等学校の美術科教員であった一九九〇年代初め、私が三〇歳代のころは、学校にコンピュータが導入され始めた時期である。そのとき、コンピュータによる作業が視覚に悪影響を与えるのではないかとの不安が広がり、通常の健康診断以外に詳細な視覚検査が教師に対して実施された。正確には記憶していないが、視力はもちろん乱視の有無、眼圧など数種類の検査があったが、結果として私は満点であった。検査に来た担当者が満点を初めて見たと驚いていたので、印象が強く残っている。それが今や、遠近両用レンズを入れた眼鏡なしでは生活に支障が出る状況である。

最初に眼鏡を用いたのは、四〇歳代後半であった。老眼と言われる手元の字が読みにくい事態となり、シニアグラスなるものを持ち歩くこととなった。最初はそれを使うのが、どうしても気に入らなかった。字が読めなければ困るので、シニアグラスをかけるのだが、何か偽物を見ているような気がしてならなかった。実物から放たれた光がレンズによって加工されたものを見ている。実物の直接的な波動を感じ取れない、とでもいうような感覚である。もちろん、それは自分の勝手な思い込みであるのだが、裸眼で見たいという願望は今もある。それでも目が悪くなり始めたころは、美術館やギャラリーで作品を見るときなどは裸眼だったので、その不満はさほど大きくなかったが、やがて離れたものを見るときも焦点が合わなくなってきた。そして、現在は遠近両用眼鏡を日常的に使用している。

眼鏡なしで、直接裸眼で実物に接したいという欲求はますます募るのだが、裸眼で作品のみならず身の回りのもの、環境さえも正確に視認することはできなくなった。世の中に、眼鏡を使用している人がどれほどいるのかは知らない。また、眼鏡をかけた優れた造形作家や美術評論家は多数いる。しかし、私にはどこか、ものから直接やってくる物質としての光が、眼鏡のレンズによって変えられてしまっているという感覚がつきまとってしまう。

この感覚は映像においても同じである。映画にしても、テレビにしても、写真にしても、それがそれぞれの技術を駆使した作品としてならば抵抗なく鑑賞できるのだが、実物を見る代わりとして提供されるとなると、素直に受け入れることはできない。実物を目で触れる感覚がどうしても必要なのである。

4Kによるテレビの配信が一般化し、美術館などからは8Kによる作品の鑑賞画像が提供されるようになって、肉眼では見ることのできないところまで映像として把握できるようになってきた。特に8K画像は、物の質感さえも感じられると評判である。私も東京国立博物館で奈良・聖林寺の《十一面観音像》が映し出された画面を見たときには、これは今までの映像とは違うと実感した。ただし、どこかに見させられているような感覚があり、別室で開催されていた聖林寺展の実物を遠目ながら見たときと同じ感覚にはなれなかった。高精細な映像の研究をしている人に言わせれば、実物と同じ空間において実物を鑑賞している状況と、映像を見つめている状況を同一の土俵で考えること自体意味のないことなのかもしれない。しかし、肉眼では見ることのできない世界を提供されることよりも、裸眼で実物を見たいという欲求は抑え難い。

見ることへのこだわりはもう一つある。それは、どちらかと言うと物理的、感覚器官的な問題ではなく、理念的、哲学的問題である。前章で取り上げた「自由画教育運動」の山本鼎は「自分が直接感じたものが尊い、そこから種々の仕事が生まれてくるものでなければならない」とのことばを残している。自分が直接感じるためには、自分の意思で自身を囲む広い世界を見ることが必要なのである。山本は自由画教育運動の中で、そのことを繰り返し述べている。それは、山本の画家としての実感的な理念でもある。

見るという行為は、自らの意思によってなされるものであり、見たいものを見ることなのである。鑑賞する行為として見ることは、映画やテレビを見るのとは全く違ったものである。先ほどの十一面観音像の8K画像は、カメラのレンズが舐めるように金箔のはがれかかった観音の顔の詳細を捉えており、修復作業をする人ぐらいしか近づけない距離から、人間の眼では決して見えない細部までを鮮明に提示していた。しかし、どうしても見させられているという感覚が絶えずつきまとう。顔の正面からカメラは右にパーンしていくが、私は今、左側が見たいのである。下から顔を見上げた角度での状況が知りたいのである。

心理学とまで言わずとも、人は画像として網膜に映ったものすべてを見ているわけではない。見たいものの意味を画像として認識し、それらを分析し、必要なものは記憶され、思考の素材となり行動へ移行することになる。漫然と風景を眺めていても、見ようとする意識は働いている。人には、見たいものしか見えないのである。美術におけるデッサンやスケッチの学習では、よく観察しなさいという指導がなされるが、描いている本人が見る意思を持って、別な言い方をすれば、何が見たいのかを明確にしていなければ、観察を深めることはできない。描く側にとって興味や関心を持つことのできない設置されたモチーフの観察は、無意味な苦行でしかないはずである。

絵画表現の基礎として為される一般的なデッサンと、植物学における植物観察画、ボタニカルアートを比較してみると、前述の見る意思の重要性がよくわかる。一般的なデッサンの典型として、美術大学の入試でよく課せられる静物デッサンを見てみると、モチーフの形体把握、質感の表現、各モチーフの構成による空間表現と光の状況など、自分の意思や主題を表現すると言うよりも、絵画表現の伝統的な技法の修練を競い合うものとなっている。それは、壁にかけて日常的に鑑賞したくなるようなものではない。一方、ボタニカルアートは、植物をそのまま描くのではなく、植物学的な視点からその構造や特徴がわかりやすく描かれている。そして、美しい。この美しさが生まれるのは、植物を愛してやまない人が自らの意思で描くからである。どちらも同じように詳細に見ることに取り組みながらも、見る意思の質が全く違っているのである。

満遍なくすべてを写し取ることと、意思をもって見ることの違いは、民俗学における民具の調査報告書でも度々体験することがある。ある古民具の写真では、それがどのような用途に用いられ、どのように使うのか思いつくのは難しいのだか、そのスケッチを見たとたんにその構造が理解でき、用途や使い方さえも想像できることがある。写真は、ある方向からの外見的情報をすべてそのまま写し取る。スケッチの場合も、一方向からのイメージにまとめられるという点では写真と似ているが、そこに集約されるのは、その民具の構造、素材、機能など、描いた人によって整理された情報である。したがって、すべてを写し取った写真よりも、整理されたスケッチの方がわかりやすい。ただ留意すべきは、すでに他者の眼、意思がそこにはあるということである。

美術を学ぼうとする人に対して、見ることから始めようとの掛け声はある意味正しい。さらに加えるならば、見たいものを探せということでもある。そしてこのことは、美術に関わることのみの話ではない。深い洞察力は自らの深い観察から生まれる。美術が苦手であろうがなかろうが、我々の周りには、多くの見るべき世界がある。

行動としての鑑賞

履歴書の趣味の欄に記入される「美術鑑賞」とは、美術作品のよさや美しさを味わい楽しむという最も一般的な美術との関わり合い方と言ってもよいだろう。今、それを人の行動として確認してみると、鑑賞の対象である美術作品や工芸作品が展示される美術館やギャラリーにおいて、人は鑑賞対象の前に立ち観察し、タイトルや説明文を読み、場合によっては解説のイヤホンに集中する。また、近年の学校の授業における鑑賞や美術館の教育普及活動としてのギャラリートークなどでは、対話型鑑賞が普及し、主体的な鑑賞態度が重要視されているが、いずれにしても「美術鑑賞」という行動は、美術館やギャラリーもしくは教室という限られた空間の中にあると考えがちである。しかしながら、鑑賞の対象を芸術作品に限らず、その行動を広義に捉えるならば、人は日常的に鑑賞行動を行っていると言える。よさや美しさは芸術作品のみが持つものではなく、世の中のほとんどのものに存在すると言ってよい。すなわち、人は絶えずものの価値判断という鑑賞行動をしながら生活している。

一方、美術鑑賞とは美術作品が有する優れた芸術的造形的価値を理解することであり、そのよさや美しさが享受されることで、芸術による人間性の陶冶《とうや》がなされるとする考え方がある。このような啓蒙主義的な考え方は芸術教育や美術教育においては未だに根強いものがある。小学校図画工作科、中学校美術科、高等学校芸術科の教科目標が「豊かな情操を培う」で締めくくられていることも、芸術や美術の啓蒙的要素の残照と見ることもできるだろう。したがって、そこで鑑賞すべきは誰もが認める最高の芸術作品でなくてはならないし、人間性の陶冶にふさわしい内容のものでなければならない。実際に、学校の図工美術の教科書に掲載されている作品の多くは、国宝や重要文化財に指定されている作品であり、美術館や博物館に所蔵されているものである。そこに期待されているのは文化芸術の継承であり、国民としての情操の育成である。このことは、現在の学校での鑑賞教育の目的の一つとして求められている。

しかしながら、資質・能力育成を核にするこれからの鑑賞指導に望まれるのは、「クリティカル・シンキング（批判的思考）」に代表される造形的思考能力を土台にした鑑賞行動力の育成である。そこでは、自らの思考判断が重要になってくる。美術作品の固定化した価値観を学び理解するのではなく、自身の経験や感性を基に作品についての分析的な思考を重ね、自身にとっての意味づけや価値観を形成するという活動であり、そこで得た能力を他の場面でも生かすことができる行動力へと繋げることである。

指導者からの一方的な価値観の押しつけであるならば、それが対話型鑑賞や主体的鑑賞による指導方法が用いられたとしても、そこに現代において求められる「クリティカル・シンキング」による鑑賞行動は存在しない。あるのはインストラクションすなわち「教授」である。鑑賞行動の主体は鑑賞者であり、鑑賞者が自ら発見しつくり上げる価値観こそ重要である。我々は今一度、美術作品に限らず我々の周りに存在するもののすべてを鑑賞の対象とし、鑑賞行動そのものを捉え直す必要がある。

ここで、幼児の行動に眼を向けてみよう。一歳くらいの子どもにとって、自身が存在する周りの空間は不思議で魅力的なものであふれている。一般的な一歳児は、やっと立ち上がることができ、気になるものを手に持つことができるようになった段階である。親に抱っこされながらも、周りの不思議なものに手を伸ばし、それを手に持つことができると、それが何であれ口に入れようとすることが多い。ここでの口にものを運ぶ行為は、食事の欲求からではない。成長のために、食べることと寝ることが最も大切な一歳児にとって、食べ物を運ぶ口は単なる消化器官ではなく、最もよく発達した感覚器官でもある。どのような味がするかも含めて、硬い軟らかい、冷たい温かいなどさまざまな素材と形の要素が、口を通して知覚される。そして、よく観察をしていると、その中に好みのものがあることがわかる。一度でおしまいにするものもあれば、何度も口に持っていくものもある。すなわち、それがどのようなものであるかは不明でも、主に目、手、そして口で知覚できるものとして、自身で価値判断をしているのである。幼児が自らを囲む世界を認識していくこのような行動を、鑑賞行動そのものとは言い難いが、そこに鑑賞行動の根源を見ることは可能である。

具体的な例をあげてみると、ある幼児が青いちょっと変わった形をした家族が使う陶製の箸置きに手をやり、口に運ぶことを繰り返している。その場面をしばらく観察してみると、おそらく自分の手にフィットする箸置きの大きさや形がお気に入りなのだろう。当然のことながらその用途については不明であるが、この幼児にとっては何度も味わいたい感触であるらしい。また、この幼児のもう一つのお気に入りは、新聞などの紙を裂く遊びである。大人につけてもらった切り口を両手に持って引き裂いていくことを、何度も、何度も繰り返している。引き裂いていく感触と音が愉快であるらしく、引き裂いたあとの紙にはあまり頓着していないが、笑い声を上げながら何度も繰り返すのは、そこに快感があるからにほかならない。

今、この幼児の行動を、一歳児ゆえの行動であると片づけてしまうことはできない。なぜならば、近年注目を集めている非認知能力と認知能力の関係性から言えば、自らの嗜好や価値観を有するという非認知能力が、これから爆発的に発達する理解、記憶、分析、思考、判断などの認知能力に大きく関わり、この幼児の将来の人となりをつくる土台となるのである。さらに、表面的には現れないかもしれないが、大人の鑑賞行動にもその要素を見ることができる。すなわち、鑑賞行動の最初の動機に、心地よさや好みといった個人の特性が強く関係しているのである。鑑賞行動は新たな自身の価値観を形成し、それを活用することであるが、その根底には感覚的な嗜好がある。そしてその嗜好の多くは身体性と感性を源としている。その源を発した一筋の川は、成長とともに大河となり、自己を形成していくことになる。鑑賞が美術館やギャラリー、教室の中だけにあるとする視点からは、このような幼児の行動に鑑賞行動の源を見出すことはできない。鑑賞行動こそ、非認知能力と認知能力の両方によって成立するものである。

「人は絶えずものの価値判断という鑑賞行動をしながら生活している。」と前述したが、ここでは日常性を芸術領域にまで昇華させた茶道について考えてみる。

正式なお茶会である「茶事《ちゃじ》」の一般的な流れは、各流派によって多少の差異があるが、「待合《まちあい》」、「席《せき》入《いり》」、「初座《しょざ》」、「中立《なかだち》」、「後座《ござ》」、「退席」となる。この一連の流れの中に、巧みに鑑賞の機会が設定されている。

まず、「待合」では庭の風情を鑑賞し、最初に茶室に入る「席入」では床《とこ》と釜の拝見がある。床の間《ま》の前に進んで、掛物と花、花入れ、香合《こうごう》などを拝見し、次に踏込畳《ふみこみだたみ》（亭主の入り口）の前で、道具畳の風炉《ふろ》や棚飾を拝見する。次に「初座」では、「初炭《しょずみ》」と言われる亭主の炭手前《すみてまえ》を拝見し、先ほど鑑賞した庭や床、釜などについて亭主と正客の間で問答がなされる。また、「後座」では掛物は花に代わり、その花や花入れなどを鑑賞する。そして、やがて一通りお茶を飲み終わった後、「お道具拝見」がある。正客が茶器と茶杓《ちゃしゃく》の拝見を申し出て、客が順次これを回して拝見するものである。その方法は茶器の全体の姿を拝見するとともに、両手を畳についてできるだけ低い位置で茶碗や棗《なつめ》、茶杓を扱う。また、ここでも茶器の銘等について正客と亭主の問答がなされる。これらを通して、客は今回の茶会の意図を読み取り、亭主が茶会という方法で表現した美意識を鑑賞するのである。

このような「茶事」の一連の流れは、当然のことながら茶を飲むという日常的行為が土台になっており、その行為や環境、道具などを優れた鑑賞行動によって美意識の表現へと昇華させたものである。すなわち、茶道は衣食住すべての要素を、茶を飲む行為に収斂させることによって、日常性に芸術性を見出すことに成功したのである。それは、人の五感すべてを用いた鑑賞行動の結実ということができる。つまり、鑑賞行動そのものは日常生活の中に絶えず存在し、その能力を高めることこそ鑑賞教育の大きな目標としなければならないのである。

ここまで「鑑賞行動」について考察してきたが、それでも美術館での作品鑑賞と、日常生活上のスーパーマーケットでの野菜の吟味を、同じ視点で論じることには反論も多いと思う。しかしながら、美術館とスーパーマーケットはさほど遠い距離にあるとは限らない。美しい色と形をした野菜や果物は、多く絵画の題材として用いられてきたし、自然や環境の中に表現の主題を見出してきたのが美術の歴史でもある。鑑賞行動という視点から考えるならば、鑑賞と発想や構想、創作、表現は一体であり、それを意識するとしないにかかわらず、人は絶えず鑑賞を通して価値判断をし、それにより自身を表現して生活しているのである。

最後に「めでる」と「たなごころ」の二つのことばを、鑑賞行動の日常性を考えるときのキーワードとして取り上げてみる。「めでる」ということばは「愛でる」と表記され、心ひかれ感動する気持ちが生じる意味で用いられるが、もともとは「愛ず」という他動詞であった。自らが愛ずべき対象に働きかけ、そのよさや美しさを見出す行動を意味していた。もののよさや美しさは、自ら近づかなければ見えてこないのである。

また、「たなごころ」について現在は、手の内側、手のひらを意味することばとなっているが、漢字は「掌」を用いる。この漢字のつくりが意味するのは「手の心」である。茶碗など手に持つものに対する評価として「たなごころがよい」と言うことがある。それは、単に握りやすいとかちょうどよい大きさや重さであるという意味ではなく、手の心を通して心地よいことを意味している。

この、愛でて掌で味わう鑑賞行動は、特に工芸の鑑賞において重要な視点である。素材感、用の美、生活感情など、現実の空間に存在する工芸品の価値を発見する鑑賞行動こそ、この「めでる」と「たなごころ」の視点からなされるべきものである。工芸に関する知識を身につけることが工芸鑑賞における目的ではないことは、絵画や彫刻などのファインアートの鑑賞と同じである。今、私たちが目指すべきは、生きていく術として「めでる」と「たなごころ」のことばに代表される鑑賞行動の能力の育成なのである。

素人美術愛好家

私の出身地は長崎県松浦市であるが、佐賀県との県境にあり、お隣は磁器で有名な佐賀県伊万里市、そして有田町である。私の工芸への興味関心は、そのような環境が影響していると言える。なお、少し解説しておくと、伊万里焼と有田焼は同一のものである。有田でつくられた磁器が伊万里港から積み出され、ヨーロッパに渡り、荷に表示された積出港の名前から、かの地では伊万里焼の名が広まったものである。

そのような土地柄から、決して裕福な家庭ではなかったが、我が家ではハレの日などの食器だけでなく、日常使いの食器のほとんどが磁器であった。地元の神社のお祭りである「くんち」では、日用品としての磁器のたたき売りをする屋台が並ぶということもあり、ガラス質で薄く、さまざまな文様で彩られた磁器の器に囲まれていた。そのような磁器の土地に育ったことを自覚したのは、武蔵野美術大学に進学し、東京在住の友人の家に遊びに行ったときのことである。夕食を馳走になることになり、食卓についた私は、テーブルに並べられた地味で分厚く重い食器類に驚いたのである。その場では当然口に出しはしなかったが、並べられた陶器には薄汚れているような印象さえもった。また、大学の講義で「民芸」を学んだときも、「土もの」と呼ばれる陶器のそのよさはあまりわからなかった。ちなみに地元では陶器を「土もの」とは言わず、磁器よりも格下の焼き物であるとの意味を含ませて、「泥もの」と呼ぶこともある。しかし、その「泥もの」のよさや美しさを見出すのに、さほど時間はかからなかったことも事実である。

地元に暮らした私の両親は、二人揃って素人の焼き物愛好者であった。大したものではないが、有田で活躍する陶芸家の作品や、長い伝統を持つ今右衛門窯や柿右衛門窯、源右衛門窯のものを購入して楽しんでいたし、日常使いの食器についても自分たちの好みを反映したものを用いていた。二人とも美術や工芸について学んだ経験はほとんどない、まさしく素人であるが、陶芸に興味を持つようになったのは、やはり伊万里、有田に近い風土のなせるものだろう。ただし、母は若いころから裏千家茶道を学び、のちに近所の知り合いに手ほどきをしていたほどなので、「一楽《らく》、二萩《はぎ》、三唐津《からつ》」というような茶陶についての知識は多少あったようで、最終的には比較的地元に近い「唐津焼」や「小鹿田焼《おんた》」などにも興味を持って窯元を訪問していたようである。

両親と有田の今右衛門窯や柿右衛門窯、香蘭社や深川製磁などのギャラリーや展示場を見て歩くとき、しばしば驚かされることがあった。私が見終わった後ろのケースに展示されている作品を見ながら、二人が盛んに感嘆の声を上げているのである。そんなにいいものがあったとは思えないのだが、あらためて二人が見ている作品を見ると確かにいい作品である。私は素人の両親から指摘されて初めて、その作品のよさや美しさに気づいたのである。

美術教育や工芸教育を論じる者として、磁器についても多少の勉強や研究をしてきたつもりの自分が気づかないよさや美しさを、素人である両親が見出すという経験は一度や二度ではなかった。これを「目利き」ということばで表すのは適当ではない。むしろ「目が肥える」ということばの方が相応しい。有田に近い地元に住む彼らは、私よりもはるかに多くの回数有田を巡り、はるかに多くの作品と出会っているのである。まさに、場数を踏んだ愛好者なのである。そして、彼らの価値判断の基準は明解である。それは、自分の手元に置きたいかどうか、それだけである。これは確固とした価値判断の基準であり、少しばかりの美学の知識や様式論などによるものよりも明白で強い。

目の肥えた素人愛好家の鑑賞力という点では、二〇一〇（平成二二）年に『ハーブ&ドロシー　アートの森の小さな巨人』というタイトルで公開されたドキュメント映画の主人公であるヴォーゲル夫妻も同じである。田舎に暮らす無学な自分の両親と、世界的に話題になった夫妻を同格に論じることには無理があるが、作品を自分のものとして手元に置きたいという価値判断の基準が存在する点では同じである。夫のハーバート・ヴォーゲルは、絵画や中国、日本の芸術についても学び、自身も抽象絵画を描いているので、素人という表現が完全に合致するとは言い難い面もある。しかし、普段は郵便局員として働き、妻ドロシーの図書館司書としての収入をあわせた中から資金を捻出しながら、二〇〇〇点以上の現代美術を中心とする無名に近い作家の作品を自分たちのコレクションとしたのである。彼らが自分たちの手元に置きたいという価値基準にかなった作品に対しての条件は、二人が住むニューヨークの狭いアパートに入る大きさであることと、自分たちの収入で支払えるということであった。結果的に、それら二〇〇〇点を超す作品の多くはそのアパートに飾られている時間よりも、丁寧に仕舞われている時間が圧倒的に長いのである。

その点でも、我が親との共通点を見出すことができる。正確な個数は不明であるが、「蔵」と呼ぶ倉庫に仕舞われた磁器を中心とする陶芸作品は、玄関や床の間などに飾られたり、器として用いられたりする時間は極わずかであり、多くはその「蔵」に眠っていた。現代美術の作品よりも実用性のある陶芸作品ではあるが、ある場面で飾ったり使ったりすることを想定して購入されたものではなく、手元に置きたいという理由のみで購入されたものが圧倒的に多いのである。

美術作品のコレクターと言われる人たちにもさまざまなタイプがある。経済力を活かして多種多様な作品を買い集め、将来的には我が名を冠した美術館を設立したいと思う人もあれば、お気に入りの作家作品を中心に買い集め、それらに常時囲まれて生活したいと願う人もある。また、コレクターとまでは言えずとも、ふらりと立ち寄った画廊やギャラリーで、気に入った作品をまるで服でも買うように買い求めていく若い人も増えていると聞く。その中でも、ヴォーゲル夫妻や私の両親のように、単に自分のものとして手元に置くことで充足するコレクションの在り方は、コレクターという前に作品の鑑賞者として一つの完成の域に到達しているのではないかと思うのである。

ヴォーゲル夫妻のコレクションがドキュメンタリー映画として衆目を集めた理由の一つに、夫妻が購入した作品の制作者の多くがその当時無名の作家たちであったが、その中から世界的にも知られる有名な作家が数多く育っている点がある。すなわち、夫妻の自分の手元に置きたいという価値基準による鑑賞力の高さを物語っているのである。

さらに、そのドキュメント映画が話題になったもう一つの理由は、夫妻が自分たちのコレクション二〇〇〇点をアメリカの美術館、ナショナル・ギャラリー（ワシントン）に寄贈したことである。先ほど述べたように、長年の夫妻のコレクションの中には、現代美術の巨匠と評される作家たちの若いころの作品が数多く含まれている。それらを今オークションにかけ売却したならば、巨万の富を得ることができたにもかかわらず、二人はこれを寄贈しているのである。ここに、先ほどからの自分の手元に置きたいという価値基準による鑑賞とコレクションの強さがある。将来値上がりするなどという投機的な基準での作品の評価ではなく、自分が見出し、自分のものとすることによって完結する鑑賞活動の積み重ねとしてのコレクションなのである。さらに、自らの価値観によって集められたコレクションを社会に還元することによって、夫妻の自分の手元に置きたいという価値基準による鑑賞活動は、人々の価値観を揺さぶるものとなった。

私の両親のコレクションは、数こそそれなりにあるものの、どれもオークションなどに出すようなものではない。もちろん、将来の値上がりなどを目論んでいたわけでもない。父が亡くなった後、それらを整理し始めたところ、主な作品の箱には子ども二人の名前が記された付箋がついていた。それぞれにふさわしい作品を、自らの価値観で選んでいたのである。それらは、実家を離れて暮らす私たちにとっては、磁器の里近くに生まれた者としての故郷のモニュメントであり、両親の美意識を伝えるものとなっている。

日曜日の美術館から

多くの人が訪れそうな大規模な展覧会では、混雑する週末の鑑賞は避けたいところであるが、私はときどきあえて週末に訪れることがある。多くの入館者の鑑賞態度がどのようなものかを観察することが目的である。私は東京に住んでいるので、大型の国立美術館や博物館、都立及び近隣の県立美術館など、訪れる先には事欠かない。コロナ禍以降は、混雑を防ぐため予約制をとる展覧会もあり、以前のように美術館を取り巻く長蛇の列ができるようなケースはほとんどないが、やはり平日よりも週末が混雑しているし、美術との触れ合い方においても多様な人たちが入場することが多い。その人混みの中にあえて自身も身を置くのは、そうすることで美術が多くの人にとってどのような位置にあるのかを感じ取ることができると考えるからである。アンケート調査などを行って、美術鑑賞における心理学的分析を試みようなどという気持ちは一切ない。これまでの教育経験から、来館者の行動観察によって状況判断をすることが重要だと思うのである。

一般的に美術館の中は静かである。しかし、近年は人の話し声や足音、雑踏音が大きくなっているように感じる。特に、多数の現代美術の作品を集めるトリエンナーレなどのアートプロジェクトと称する祝祭性の強い企画展では、鑑賞者がお互いに語り合い、ときには笑い声などもあり、会場が静かとはとても言えない。むしろ、うるさい状況になる場面が多い。現代美術の展覧会であることから、鑑賞者の年齢層が若いということもあるが、グループでの鑑賞が多いこともその理由である。これが、近代以前の作品展や日本美術展になると格段に静かである。また、週末であるにもかかわらず一人で来館する鑑賞者も多く、年齢層も高くなる。

そのような鑑賞者の属性だけでなく、ペアやグループでの話の内容を聞いてみると、なかなかに興味深い。聞き耳を立てると言うよりも自然に聞こえてくる会話を、失礼ながら聞かせていただくのだが、現代美術展ではかなりの批評、評論が飛び交っている。中には首をかしげたくなるような独自の見解も聞こえるが、つまらないものはつまらないし、よいものはよい、と総じて興味のありなしがかなり明確なのである。それが、歴史を経た作品を中心とする展覧会では、ほとんど聞こえなくなる。と言うよりも、語り合う場面そのものが少なくなる。そのような、権威としての美術ではなく、多くの人が自由に語ることができるということこそ、コンテンポラリーと言われる現代美術の特性なのかもしれない。にぎやかな美術館には、どこか安心感がある。「この作品はこのように考え、このように見るべきだ」論を声高に主張される評論家の方には、現代美術の展覧会が開催されている美術館の週末の雑踏の中に身を置かれることを、是非お勧めする。

ただ、近年の美術館での鑑賞の傾向として残念に思うことの一つは、音声ガイドの普及である。音声ガイドを否定はしないが、正直、作品との最初の出会いという大切な時間に水を差されるような気がする。実際はどんなものかと、東京国立博物館でのある企画展で借りてみた。立場上、イヤフォンをつけている姿を知り合いに見られたくないという意識も働いたが、使ってみなければ論評もできないので、五〇〇円を払って借り受けた。見たいと思う作品の近くに行ってスイッチを入れると、有名俳優の柔らかな声によるその作品に関する解説が始まるというシステムになっていた。かなり長い解説になるとその作品の前に立ち尽くすことになり、普段音声ガイドを使わない立場からは、作品を見るときに邪魔にさえ感じるほど立ち尽くす人がいるのはそういうことかと納得した。

音声ガイドを使ってみて最も気になったのは、解説を聴いた後はその視点でしか作品を見られなくなることである。作品からの勝手な想像が膨らまないのである。解説の内容にもよるかもしれないが、私の場合には知識は増えたが、本物を見たという実感さえも薄くなってしまったような気がする。テレビ番組で見た作品が、実物を見た瞬間に全く違ったイメージに見えるというような新鮮さが薄くなってしまった。

お勧めは、音声ガイドなしで一度すべての作品を見て、その後二度目のときに必要に応じて音声ガイドを使用する方法である。一度目はさっと短時間でもよい。目についたものだけ見るのでもよいだろう。そして、二度目のじっくりと見るときに使う音声ガイドも、すべてを聴く必要はない。その作品についてもっと知りたい、解説を聴きたいと感じたときに、必要な内容だけを聴けばよい。音声ガイドを聴くために美術館に行っているのではなく、作品との出会いのために私たちは美術館に行くのである。

現在、８Ｋなどの高精細な映像が美術館や博物館を中心にして提供され始めている。それらは、人が眼で実物を見るだけでは決して認識することのできない状況さえも露わに提示してくれる。そのような映像による鑑賞は、その作品の歴史や文化背景、材料などの知識を得ることを中心とする鑑賞ならば十分効果的である。そこに音声ガイドのような解説がつけば、美術館に足を運ばすとも、自宅にいながら一定程度の満足感のある文化的体験を得ることができるであろう。それでも、人々は美術館に行こうとする。そして、実際には実物からは少し距離を置くことを余儀なくされ、高精細な映像よりもはるかに見えにくい状況で実物を鑑賞することになるが、それでも一種の安心感に近いものを感じることも事実である。

美術鑑賞とは、作品に関する知識を理解することではない。しかし、音声ガイドをはじめとする多くの解説は知識の提供である。本来の鑑賞により鑑賞者自身の中に生じる情動はその人のもの以外の何ものでもなく、それは知識によって得られるものではない。美術館が芸術文化のセンターとしてさまざまな情報を発信することでその社会的役割を果たすことは当然であるが、根本にあるべきは、鑑賞者が実物の作品と同一空間に自分が存在していることを実感できることである。美術館は常にそのような真正性のある鑑賞体験の場であってほしい。

第3章　美術を学ぶ

美術の学びが必要な時代

ここからは、学校教育における美術教育の状況を中心にして考察を進めることにする。その場合、学校の教育活動における目標や内容を定める学習指導要領に触れることが多くなる。読者の中には、自らが児童生徒として学校で学ぶ経験以外は、学校教育との距離が遠かった方も多いと思われるので、まず、学習指導要領について、簡単に解説しておくことにする。

学習指導要領は小学校、中学校、高等学校、特別支援学校における教育課程の基準である。なお、幼稚園には「教育要領」がある。学習指導要領は約一〇年毎に改訂されるが、改訂の方針は、文部科学省によって設置され多方面の識者で構成される中央教育審議会が文部科学大臣の諮問を受け、その審議を経た答申を基に進められる。そして最終的には文部科学大臣告示として発表されるものである。したがって、法的拘束性を持ち、教科用図書すなわち教科書の内容も学習指導要領に従って編修される。また、教員養成課程を有する大学の教職に関する科目内容も学習指導要領が示す教育内容を指導できる人材を育成するよう修正されることになる。

具体的に現行の「中学校学習指導要領」の場合は、「第1章　総則」、「第2章　各教科」、「第3章　道徳」、「第4章　総合的な学習の時間」、「第5章　特別活動」によって構成されている。特に本書では「第2章　各教科」の「第6節　美術」を多く取り上げることになる。なお、各教科の時間数に関しては「学校教育法施行規則第73条」によって定められており、学習指導要領はその授業時間の中での学習の目標や内容などの基準を示している。

　現在は、二〇一七（平成二九）年改訂の「小学校学習指導要領」、同「中学校学習指導要領」、二〇一八（平成三〇）年改訂の「高等学校学習指導要領」などによって学校の教育活動は展開されている。ここでは、これらの現行の学習指導要領を「現行学習指導要領」と表記し、別年改訂の学習指導要領ついてはそれぞれの改訂年を表示することにする。

「現行学習指導要領」がこれまでのものと違う特色としては、教科ごとに育てるべき資質・能力が明確になり、三つの柱からなる学力観によって、小・中学校、高等学校のすべての教科や科目の構造が統一されたことである。その三つの柱は「知識及び技能」、「思考力、判断力、表現力等」、「学びに向かう力、人間性等」であり、これを基本にして各教科の学習が計画され、実践されている。

　このような学習指導要領における小学校図画工作科や中学校美術科、高等学校芸術科美術、工芸の学習における美術やデザイン、映像メディア、工芸などと、社会一般に認識される美術やアートとは、重なる部分とそうではない部分がある。たとえば、「現行学習指導要領」の中学校美術科では、「デザインや工芸などに表現する活動」は、「構成や装飾の目的や条件など」、「伝える目的や条件など」、「使う目的や条件など」を基にして主題を生み出すこととなっている。これを現在活躍するデザイナーやクリエイターに示したとするならば、大方は納得しないのではないかと思われる。そのような目的や条件は、デザインや工芸の一部でしかないとする意見が大半を占めるだろう。しかし、中学校美術科の学習活動の目的は、美術の表現や鑑賞を通して造形的な見方・考え方を育むことである。

その目的のために必要な教材という視点から美術デザインを定義しているのであって、デザインや工芸そのものの定義ではない。

したがって、初等中等教育段階で造形美術に関する教科科目を担当する図工美術の教師は、広大な美術デザインの過去から現代までの多様な様相を把握し、そのどこに学習指導要領が示す学習が成立するかを明らかにする能力が求められる。

私が中学校美術科の教師となったのは一九七九（昭和五四）年であるが、以来一九七七（昭和五二）年、一九八九（平成元）年、一九九八（平成一〇）年、二〇〇八（平成二〇）年そして現行の二〇一七（平成二九）年と五回の学習指導要領改訂を経験してきた。その流れを振り返ってみると、「現行学習指導要領」改訂の動きは、今までのそれとはかなり違っていた印象がある。検討の進め方や中央教育審議会の構成などは、各期の政治情勢などを反映し違いがあるのは当然であるが、美術や芸術の学びに対する論調が違っていた。

これまでは、改訂のたびに中学校美術科の時間数は減少し、教科としての存続自体に危機感を感じてきた。学校教育における美術科をはじめとして芸術関係教科不要論さえ水面下ではささやかれていた。しかしながら最新の改訂では、美術や芸術の学びによって育つ創造性が、これからの社会において必要なのだとする論調が、むしろ美術や芸術教育関係者ではない他領域の人たちからも多く提唱されたのである。図画工作や美術の授業時間数に変わりはないが、少ない時間の中でも、図工美術の中で育てるべき資質・能力への期待を感じることのできる改訂であったと言える。

このような論調の理由を考えてみると、その背景には行き先の見えない不安感に始まる人間性の再考がある。かつての教育界には、「教育百年の大計」なることばが存在していた。しかし、今、誰も百年先の社会を見通すことはできないし、一〇年先でさえ難しい。子どものころによく読んだ少年少女雑誌などに掲載されていた機械化が進みさまざまなものが便利になり、明るく幸福感にあふれた未来世界を見ることはもはやない。

技術革新は人々を豊かに幸福にするものと信じ、誰もが新技術に喝采した時代から、AI（人工知能）の発達の段階に至っては、万物の頂点に立つべき人間の存在を揺るがしかねないもの、自分の仕事や社会的役割を奪いかねないものと捉えられるようになってきた。いわゆるシンギュラリティ（技術的特異点）と言われるAIが人類に代わって文明の進歩の主役となる時点が、今、間近に到来しようとしている。この新しい風は、決して心地よいものではないかもしれないが、その風の中に、美術や芸術の学びに求められるこれまでにない大きな役割が見えてきたと感じている。

「現行学習指導要領」は、二〇三〇年の社会を生き抜くことのできる資質・能力の育成を大きな目標に掲げている。そして、文部科学省はすでに中央教育審議会に対して、次のような内容を含む「現行学習指導要領」の先を見通した教育の在り方について二〇一九（平成三一）年四月に諮問を行っている。中心となる四つの事項は、「①新時代に対応した義務教育の在り方」、「②新時代に対応した高等学校教育の在り方」、「③増加する外国人児童生徒等への教育の在り方」、「④これからの時代に応じた教師の在り方や教育環境の整備等」であるが、その中に、これからの社会を示すことばとしてと

「Society5.0」を用いている。

「Society5.0」は、日本政府が科学技術基本法に基づき提唱する未来社会のコンセプトであり、内閣府が示す資料を要約するならば、「Society1.0　狩猟社会」、「Society 2.0　農耕社会」、「Society 3.0　工業社会」、「Society 4.0　情報社会」に続く新たな社会を指すもので、IoT（Internet of Things）ですべての人とモノが繋がり、さまざまな知識や情報が共有され、今までにない新たな価値を生み出すことで、これらの課題や困難を克服できる社会を意味している。また、AIにより、必要な情報が必要なときに提供されるようになり、ロボットや自動走行車などの技術で、少子高齢化、地方の過疎化、貧富の格差などの課題が克服され、サイバー空間（仮想空間）とフィジカル空間（現実空間）を高度に融合させたシステムにより、これまでの閉塞感を打破し、希望の持てる社会、世代を超えて互いに尊重し合える社会、一人ひとりが快適で活躍できる社会となるとしている。

このような「Society5.0」の社会に向けた教育の在り方として、同諮問では「STEAM教育」をキーワードとして取り上げている。中央教育審議会教育課程部会の資料では、「STEAM教育」を「Science、Technology、Engineering、Art、Mathematics等の各教科での学習を実社会での課題解決に生かしていくための教科横断的な教育」と定義している。もともとは、二〇〇六（平成一八）年ころから米国における科学技術教育の柱として「STEM教育」が唱えられ、その進化形として多くの学術団体が近年「STEAM教育」を提唱するようになってきた。

「STEAM教育」における「Art」は、科学的な基礎とともに、批判的思考を養い、技術や工学を応用して、創造的に現実社会に存在する問題に取り組むこととされ、具体的にはデザイン思考に限らず芸術と理数系の学びの融合が重視されている。すでに、理数系の学びに創造性を組み入れた実験的な教育の取り組みや、スポーツと数学と芸術を柱とする先進的な学校教育の事例などもある。しかしながら、「STEAM教育」における「Art」の意味や真価については、まだこれからとも言える。現段階において、美術科の学びを担当するすべての美術教師が、その学びの意味や価値を理解しているとは言い難い状況にある。しかし、美術教育や芸術教育への期待は、日々高まってきていると言えるだろう。

「現行学習指導要領」では、全教科にわたって、各教科の学びの本質が「見方・考え方」として整理された。小学校図画工作科、中学校美術科、高等学校芸術科美術及び工芸、高等学校美術科は、一貫して「造形的な見方・考え方」を働かすこととなっている。中学校美術科における「造形的な見方・考え方」について現行の「中学校学習指導要領解説美術編」では、「美術科の特質に応じた物事を捉える視点や考え方として、表現及び鑑賞の活動を通して、よさや美しさなどの価値や心情などを感じ取る力である感性や、想像力を働かせ、対象や事象を造形的な視点で捉え、自分としての意味や価値をつくりだすことが考えられる。」と示されている。

技術立国を目指し、理数教育を専門とする人々が、自らの教育に「Art」を加える必要性を意識するのは、「造形的な見方・考え方」にも込められた「感性や想像力を働かせ、自分としての意味や価値を作り出すこと」にあると言っても過言ではない。科学技術教育では、物事を分析的に理解し、理論を組み立て、誰もが共通して理解できる真実にたどり着こうとするあまり、自らの目的や思考の方向を見失い、結果として、新たな展望を見出せない閉塞感が生じるという現象が報告されている。最初に自身の感性や創造性があり、自らにとっての意味や価値をつくり出すことこそ、ＡＩが人類の思考を超えようとする今、人間本来の根本的能力として、再認識が進もうとしている。

美術や芸術での学びを必要とされている時代とはいえ、それは現在の小学校図画工作や中学校・高等学校の美術の授業が、そのままでその要請に応え得るということではない。「現行学習指導要領」に関するキーワードの一つに「カリキュラム・マネジメント」がある。美術教室での学習が本当に社会の要請に応え得るものであるのか、二〇三〇年の社会を生き抜く子どもたちの力となっているかなどの視点による教育課程のマネジメントが重要である。美術教室の中だけで意味のある知識や技法の習得に拘泥する授業はもちろんのこと、児童生徒が自らの意味や価値をつくり出すことを軽視した授業では、「Society5.0」の社会を想定した学びや「ＳＴＥＡＭ教育」が求める「Art」に対応することはできない。感性や創造性が働く、新しい風が吹く美術の授業を考えるときにある。

二〇一八（平成三〇）年一〇月より、芸術教育は文部科学省から文化庁に移管された。教育課程などの学校教育全体に関わることについては文部科学省が主導するが、音楽、美術、工芸、書道などの教科・科目の内容等については、文化庁が担当することになった。その具体的な動きとして「芸術系教科等担当教員等研修会」が、文化庁の主催により二〇一九（令和元）年一〇月から、全国芸術系大学コンソーシアム（全国の芸術大学、美術大学、音楽大学等五七大学が加盟）によって実施されている。美術や音楽などの専門家養成を担当する大学が、初等中等教育段階の教師のための研修機会を担うということは、これまでの教科の学習としての美術や音楽に、時代に対応したあらたな広がりを求めることを意味している。

明治のはじめに、近代学校教育制度がスタートしたとき、社会変革は学校から始まった。富国強兵による西欧列強に追いつき追い越せの政策下の教育であったが、学校が社会の先頭を走っていたことも事実であった。教える側も学ぶ側も、社会を変革しようとする意欲とプライドにあふれていた。しかし、次第に学校は社会の動きから隔離され、学校の中で成立する論理によって教育がなされるようになってきたのである。しかし、今、再び学校から始まる社会改革が可能な時代にある。いや、求められているとさえ言える。

まず、ＳＤＧｓ（Sustainable Development Goals、持続可能な開発目標）に代表されるような社会理念に関する内容こそ教育において実現されるべきものであるし、子どもたちがこれから身につけ、開花させるさまざまな資質・能力が、未来に向けた課題を解決する最大の力となるのである。その中でも美術教育への期待は大きいと言える。造形活動と環境の問題を考えＳＤＧｓの理念を共有した表現や鑑賞の学習も大切であるし、デザインによる課題解決の体験的学び、社会の美術文化を考え、自ら文化の主体者たるべき鑑賞の学習を一層充実させることなど、まさに現代が直面する課題を基にした美術科の学習題材の開発が望まれる。

繰り返しになるが、美術教室の中だけで必要な知識・技能、思考・判断・表現であってはならないのである。子どもたちが未来をどう生きていくのかについて、責任を持つことのできる美術教育の実践が求められている。

造形美術教育研究の課題

文化や芸術、そして美術を学校教育という視点から考えるとき、やはり学習指導要領についての理解が必要になってくる。前節でその概要は述べたが、学校教育関係者でない限り、ほとんどの人は学習指導要領を読んだ経験はなく、その存在さえ知らない人も少なからずいるのではないだろうか。しかし、学習指導要領の改訂が社会的注目を集めた事例はいくつか存在する。

その一つは、一九九八（平成一〇）年改訂の「小学校学習指導要領」における円周率の扱いである。これは、小学校の算数において小数点の計算の考え方が変わり、目的に応じて円周率３を用いて処理するという内容が、円周率は3とすると誤解されたものである。この誤解は、大手予備校の学力低下キャンペーンと、学習指導要領を手にしたこともない有識者や評論家の論評によるものであるが、一九九八年の「学習指導要領」が「ゆとり教育」と呼ばれる学習内容の精選を掲げたことに起因する。

文部科学省（当時は文部省。二〇〇一〔平成一三〕年一月六日より文部科学省）は「学校五日制」を一九九二（平成四）年九月から月一回、一九九五（平成七）年四月からは月二回という形で段階的に実施し、二〇〇二（平成一四）年からは完全実施を計画していた。一九九八年の改訂は、この「学校五日制」による授業時間数の削減に対応するために、各教科・科目の内容の精選が必要となったのである。結果として、教科書が薄くなった、子どもたちの学力が低下するなどの不安が、親たちだけでなく世論としても広がったのである。やがて、一九九八年改訂の「学習指導要領」実施時期に小学校から高等学校時代を過ごした世代は、自らを自嘲的に「ゆとり世代」と呼ぶ傾向も生じたのである。一般的には目にすることの少ない学習指導要領ではあるが、子どもたちの日常的な学びを構成しているものと考えるならば、その影響の大きさと奥深さは計り知れない。

「現行学習指導要領」は、二〇三〇年の社会を想定した内容となっているが、その中でも、小学校図画工作科、中学校美術科、高等学校芸術科美術及び工芸の学習目標の核になっているのは、「生活や社会の中の美術や美術文化と豊かに関わる資質・能力」（中学校美術科）である。これが小学校図画工作科では「生活や社会の中の形や色などと豊かに関る資質・能力」と示され、高等学校芸術科美術では「生活や社会の中の美術や美術文化と幅広く関る資質・能力」となり、同じく工芸では「生活や社会の中の工芸や工芸の伝統と文化と幅広く関る資質・能力」となっている。いくつかのことばの違いはあっても、学校教育における教科・科目としての造形美術教育の最終目的は、形や色などの造形や美術そして芸術と関わる資質・能力を育成することにあることは一貫していると言ってよい。そのことが、教科の特性を示すことば「造形的な見方・考え方」としてまとめられている。なお、ここでは小学校図画工作科と中学校美術科、高校芸術科美術、同工芸などを包括的に表すことばとして

「造形美術教育」を用いているが、学習指導要領に限らず一般的な場合には「美術教育」と表記する。

このような初等・中等教育における造形美術教育が、現在直面している重要な課題は何かと問われて、「異学校種間連携の問題」と「評価方法論」であるとの答えに、さほど多くの異論はないのではないかと思われる。さまざまな研究会や学会の動向を見ると、この二つの課題についての実践報告や研究発表の本数が増加している。「連携」と「評価」が今の学校現場における造形美術教育のキーワードとなっている。しかしながら、この二つの課題を対症療法的に考察し、体裁を整えていくような傾向には危惧を覚える。

「連携」と「評価」を突き詰めていくならば、戦後の美術教育が引きずり続けている課題に帰結する。すなわち、「美術による教育」か「美術の教育」かという造形美術教育の基本的な理念の乖離である。美術教育の領域外にある人々から見れば、このような状況は捉えどころがなく、その教科性は曖昧にさえ思えるかもしれない。初等教育が「美術による教育」を標榜する一方、中等教育が「美術の教育」を目指す傾向にあるとするならば、造形美術教育は自家撞着であるという評価を下されても反論のしようがない。「連携」と「評価」の課題は、まさにこのアンチノミーが実際の教育現場において今日的な問題として現れたものと考える必要がある。「美術による教育」と「美術の教育」の二面性で美術教育を論じること自体、すでに無意味であるとする論調もあるが、我々はまだこれを乗り越える造形美術教育の展望を手にしていないのである。

教育改革の名のもとに行政的視点から生まれた学校教育システムの改編という動きが、現在の連携問題の実像であるとの理解は間違いとは言えない。具体的には中学校と高等学校を統合した「中等教育学校」や小学校と中学校の統合として「義務教育学校」の出現がある。また、計画として普通学校と特別支援学校の統合の計画もある。学校間の差異や内容の違いを乗り越えて、新たな教育システムの構築が進んでいる現代において、「美術による教育」なのか、それとも「美術の教育」なのかを今もって論じているのは現実性がない。しかし、この問題は、第二次世界大戦終戦後間もないころの民間美術教育運動の中にも読み取ることができる。言い換えるならば、我々美術教育者が先延ばしにしてきた課題の一つなのである。

もちろん外圧にせよ、必要性にせよ、現在多くの地域で取り組まれている「連携」の在り方を探ろうとする実践的な研究は大いに期待できるし、それぞれの学校の立場を超えた教師間の交流が新たな展開を見せている例もある。ただし、まずはそれぞれの教育理念や教科性についての認識の違いを乗り越えられるかが大きな壁となるであろうし、それを明らかにしていく姿勢をお互いに持ち続けなければ、単なる内容の整理に終始することになる。

一方「評価」の問題を考えてみると、これも「観点別評価」の導入という現実的な問題から発しており、観点に照らして個々の題材をどのように構成するか、効率のよい評価作業をどのように進めるかの論議に終始している観がある。そもそも公教育を実践する学校の授業である以上、「評価」は不可欠である。授業とワークショップの違いがよくわからないという人に、端的な例として示すのは「評価」である。すなわち、「評価」とは学校教育にとって、その存在理由に照らして取り組まねばならない問題である。

しかし、ここに到って「観点別評価」の危うさを論じたとしても、評価のための作業を軽減できるものではない。現在の「評価」における一種の混乱は、我々が芸術領域における評価問題を数十年にわたって積み残してきた結果でもある。「観点別評価」に従って詳細なシステムをつくり上げ、誰もが納得する方法を模索すればするほど違和感や徒労感に陥る現実を直視するとき、健全育成を支える造形美術教育を目指すのか、教養としての美術文化を身につけさせ、以って情操の育成を育むことが教科の中心とするのか、学校現場での迷いが見えてくる。

また、「教育方法論」自体が哲学を見失い矮小化されていく傾向にあることにも危惧を感じている。教育を社会再構築の循環の中で捉えることは近代以降の妥当な流れだとしても、教育を行政サービスの一環として捉え、経済性や効率、安直な学習成果を基に、さまざまな教育活動を評価し選別する近年の動きは、「教育方法論」矮小化のもっとも典型的な事例としてあげることができる。納税者の教育に対する要請を教育消費者のニーズとして捉えるならば、学校教育はスーパーマーケットのように消費者が必要とするものを中心とした品揃えをし、その品質と安価さを競うことになる。さらに、教科性という「売り」は、各教科が与えることのできる知識や技能の質や量を中心にした方が消費者にわかりやすい。しかし、言うまでもなく、さまざまな知の体系を各学校の段階に割り振ったものが教科の内容では決してない。

このように、今までは当然のこととして考えてきたことさえ変質しようとする時代にあるという認識を持って、これからの研究を進める必要がある。そのためには人と社会の在り様の真摯な分析、考察によって構築された教育理念を基に、授業者と学習者の共感によって成立する実践を展開する姿勢がさらに重要になってくるだろう。そして、何より美術そのものに対する社会的評価や位置づけについての再評価は、造形美術教育にとって急務である。

日本美術の学習

「日本の美術作品や受け継がれてきた表現の特質などから、伝統と文化のよさや美しさを感じ取り愛情を深めるとともに、諸外国の美術や文化との相違点や共通点に気付き、美術を通した国際理解や美術文化の継承と創造について考えるなどして、見方や感じ方を深めること。」は、中学校美術科の「現行学習指導要領」における「鑑賞」の内容を示した文章の一部である。この一文からも中学校美術科は、文化芸術に関する学習を教科の中心の一つにしていると言うことができる。

また、現行の「中学校学習指導要領解説美術編」では、「鑑賞」の解説の中で、日本美術に見られる主題として「花鳥風月」や「雪月花」などを挙げ、具体的な事例として生け花や石庭、和服の絵柄、襖絵《ふすまえ》や屏風《びょうぶ》、扇子などを提示している。また、日本文化における大陸文化との関係、飛鳥・奈良時代の建築様式や絵画、彫刻、日本美術の源流としてのギリシャを含むシルクロードによる文化の伝搬、鎌倉・室町時代の中国と日本の水墨画、江戸時代の浮世絵と西洋美術、アイヌや琉球の文化などのように美術史上の具体的事項も例示されている。

これらの事項は、鑑賞の学習において日本の美術の概括的な変遷は扱うが、美術史上の知識を学ぶことが目的ではない。古代から現代までの日本の美術に対する興味関心を生涯にわたって持ち続けることができるようにすることが、中学校美術科の日本美術についての学習の目標である。美術科の教科書には美術史年表もあり、全体として五〇点程度の日本美術に関する作品が、国宝や重要文化財を中心にして掲載されているが、それらを知識として数多く蓄積することが学習の目的ではないということである。具体的には、授業において、どの時代のどの作品を取り上げて鑑賞の学習とするかは、美術科の教師が生徒の状況、学習環境、地域の文化や風土、歴史などを勘案して題材化することになる。

近年の美術科教科書の内容の変化と傾向を見るならば、日本美術に関する鑑賞題材や関連作品数の増加こそ最も顕著であると言うことができる。その背景の一つには、二〇〇六（平成一八）年の「教育基本法」改正がある。このとき、教育基本法第二条、第五項に「伝統と文化を尊重し、それらをはぐくんできた我が国と郷土を愛するとともに、他国を尊重し、国際社会の平和と発展に寄与する態度を養うこと。」が定められ、愛国主義教育の復活として社会的議論を巻き起こした。しかし、その前から若い人たちを中心とする日本文化や美術に対する関心の高まりがあり、教科書ではこれまでの定番であった泰西名画の掲載が次第に少なくなり、日本美術や我が国の作家作品の掲載が増えていた。

その傾向がこの改正によって勢いを増したと言える。

話は少し変わるが、日本美術の歴史を振り返ると、日本ほど海外からの評価を気にする国はないのではないかと考えてしまう。つまり、日本人が日本文化や日本美術のよさについて再確認し自信を持つのは、必ずと言ってよいほど外国からの評価がきっかけとなる場合が多いのである。明治期における万国博覧会での日本の伝統工芸品に対する欧米での人気が生み出したジャポニズムは、中学校美術科の教科書の定番である。

また、文明開化の急激な西洋化による日本美術軽視に待ったをかけたのは、アメリカ人哲学者、アーネスト・フェノロサであり、昭和初期に来日したドイツ人建築家、ブルーノ・タウトによって与えられた日本の建築や美術への称賛は、日本人に大きな自信を与えた。また、最近では、アメリカ人コレクターであるジョー・プライス、エッコ・プライスによる江戸期の日本絵画の紹介は、伊藤若冲などのブームを引き起こすだけでなく、江戸美術の研究を飛躍的に前進させた。今から五〇年前に美術大学で日本美術史を学んだときには、江戸期の美術などは割愛されたことを考えると、その影響の大きさに驚くばかりである。このような海外の文化人、知識人による評価だけでなく、戦後になると、オリンピックや万国博覧会など訪日客が増加するたびに、外国人の日本文化に対する賛美が大きく報道されてきた。そしてさらに近年は、多くの海外旅行者の来日によって、日本の文化風土を日本人自らがあらためて再発見している。

海外からの日本評を気にすること自体は、さほど重要なことではないのかもしれないが、それによって生じる新たな美意識や価値観には注目する必要がある。たとえば、「和風」ということばのイメージを現代の中・高生に尋ねるならば、「恰好いい」、「伝統のよさ」、「大切」などの好意的なことばが続く。これに対して今から四〇年ほど前、日本社会がバブル期に入る前の中学生と話をしたときには、「古くさい」、「暗い」、「昔のもの」などのことばが語られていた。最近のアニメーションのヒット作を思い浮かべても、「和風」のことばが与える意識は大きく変化していることは間違いない。

また、現在はすでにあまり聞かなくなったが「クールジャパン」なる日本評は、海外の人が言ってくれるのはいいにしても、日本人自らや日本政府が使うに至っては、いささか恥ずかしい思いがする。日本文化とは、自らをクールと宣言するような押しつけがましいものだったのだろうか。文化や伝統は、時代ごとの人の営みや交流によって変化するものであるから、日本の美術文化そのものも変化するし、人々の美術文化に対する認識もまた変わるものであると考えている。しかし、近年の変化はどこか軽薄に見えて仕方がない。ペラペラな和装らしきものを身につけて、古都を歩く外国人の姿はまだ微笑ましかった。それが、日本の若い人たちがなんの疑いもなく、悲しくなるほど明るく、楽し気に同様の姿をして闊歩するに至っては、もはや視界に入れないようにするしかない。そんなことで日本美術論を語るのは、いささか大げさと言われるかもしれないが、彼らも日本の美術文化の主体者、構成員の一人であることに違いはない。

最近のインバウンドと呼ばれる外国人旅行者の嗜好に関する調査を見てみると、日本の伝統工芸品への興味は相変わらず根強いものがある。しかも、以前のようなチープなスーベニアではなく、伝統工芸品としての一定以上の質を持ったものが好まれている。とはいえ、購入されるのは高価な一級品の伝統工芸ではなく、デザイナーと伝統工芸のコラボレーションによる手ごろ感のあるものが中心である。店内もうまくデザインされたインバウンドの人たちが集まるセレクトショップを覗いてみると、現代的「和風」を主張する品が並んでいる。また、手づくり感を強調したものも目につく。

伝統工芸には美術や芸術としての側面と産業としての側面がある。産業であるからには、需要があればそれに合ったものをつくるのは当然である。また、生活の中で生きる用具類は生活のスタイルに沿うものが必要とされる。そのような人々が望むものをいち早くとらえ、形あるものとするのがデザインという仕事でもある。それがまた、新しい日本の文化を醸成していくことになるとも言える。このような状況を俯瞰するとき、森多き島国である日本列島の風土と長い歴史によって育まれた伝統工芸が、デザイン思考によって新たな展開をしていると好意的に受け止めながら、目先の利益を中心とする軽薄なものづくりと感じられることもある。さまざまな領域のコラボレーションによって生まれたもののうち、いくつのものがどれだけの存在期間を与えられたのか、生まれてはすぐに経済効率の中で捨てられていくものづくりは発展と言えるのだろうか。

ここで工芸を取り上げるのは、今後の我が国の工芸の在り様が、未来の日本美術全体の概念に大きく影響すると考えているからである。日本美術論の古典的名著の一つである『日本美術の特質』（岩波書店、一九四三／第二版 一九六五）の著者である矢代幸雄は、その中で「まず日本は美術国というよりもむしろ工芸国と呼ぶを適当とするほど、工芸の盛んなる国である。」と論じている。その理由として、多彩な材料や多様な技術による工芸の発展もさることながら、工芸が純粋美術と離れて発達するのではなく、絵画彫刻が材料技術的に工芸的手法を包含し、区別できないほどの密接な関係で発達してきたことをあげている。そして、画家が数々の工芸作品を制作し、その下絵を描いてきた事例とともに、その経験が画家の画風に影響していると説く。すなわち、近世までの日本美術史を概観するならば、生活空間こそが美術品があるべき、用いられるべき場所であり、故に絵画や彫刻も工芸的要素を包含し美術と工芸の密接な関係性によって成り立つ日本美術の特質が形成され、矢代をして「日本は工芸国なり」と言わしめたと考えることができる。

日本美術とは何かという定義については議論が必要であるが、それはその美を生み出した民族の問題でもある。アイヌ民族、琉球民族、大和民族の集合体としての日本民族という考え方は、いまだ正式に成立していない。「アイヌ民族支援法（アイヌ新法）」が二〇一九（平成三一／令和元）年に成立・施行され、アイヌ民族は先住民族として法律的に確定したが、琉球民族及び大和民族についての法的根拠はない。現行の「中学校学習指導要領解説美術編」には、「それぞれの時代に見られる表現の特性や、アイヌや琉球の文化などの各地域の文化の独自性に注目させ」とあり、これを受けて中学校美術科の教科書には、アイヌの民族衣装ルウンペや琉球の紅型《びんがた》などが掲載されている。しかしながら、日本美術として掲載されている作品の多くは、大和民族の美術である。日本の美術への誘いという目的からすれば、ルウンペや紅型よりも《風神雷神図屏風》や《松林図屏風》、興福寺の《阿修羅像》の方が、生徒の興味関心を集めやすいのも事実である。しかし、大和民族の美術を中心とした日本美術という概念の固定化は、これからの日本社会の縮小を考えると大きな課題を含んでいる。

日本の人口減は容易く止められるものではない。すでに多くの国民が、日本社会の縮小を避けられないものとして考えている。このような状況から予想できるのは、多様な文化背景を持つ移民の増加である。いまだに日本は、外国人が定住することに対してハードルの高い国である。意見はいろいろにあるだろうが、日本社会の縮小がこのハードルを下げることになるのは確かである。そして、多様な民族が共存して生きる日本社会に必要なのは、言語と文化の多様性である。このことは、海外の多民族国家や移民の急増を体験した国や都市の状況を見ても理解できることである。したがって、前述した中学校美術科の「現行学習指導要領」の鑑賞の内容である「日本の美術作品や受け継がれてきた表現の特質などから、伝統と文化のよさや美しさを感じ取り愛情を深めるとともに、諸外国の美術や文化との相違点や共通点に気付き、美術を通した国際理解や美術文化の継承と創造について考えるなどして、見方や感じ方を深めること。」も、修正が必要となる。まず日本の美術のよさや美しさありきなのではない。諸外国の美術文化との相違点や共通点から、日本美術を深く鑑賞するのでもない。多様な美術文化の一つしての日本美術である、という視点が必要となってくる。その修正のためには、もう、さほどの時間的余裕はない。

補足になるが、琳派や江戸期の美術の研究者と雑談をしながら、いつもうらやましく思うのは、琳派を語るのにその研究者は、琳派について何百頁にも及ぶことばを用いて著すことができることである。一方、中学校美術科教科書の著者としては、一五〇字で説明しなければならない。制約はあるが短くわかりやすい分、その解説は読み手に強い印象を与えることになる。それだけに、価値観や美意識が固定化されるような解説文は避けたいと思っている。

学びのリアリティ

ここでは、図工美術の学習内容を中心に考えてみる。

小学校図画工作科、中学校美術科、高等学校芸術科美術及び工芸の学習内容は、「表現」と「鑑賞」、そしてその二つの項目に共通して学習すべき知識やイメージする能力である「共通事項」で構成されている。その「表現」における指導事項を小学校から順に整理してみると、図画工作科は「造形遊びをする活動」と「絵や立体、工作に表す活動」となっている。中学校美術科の場合は、「絵や彫刻などに表現する活動」と「デザインや工芸などに表現する活動」になっている。高等学校芸術科美術では、「絵画・彫刻」、「デザイン」、「映像メディア表現」で構成されている。同じく芸術科工芸は「身近な生活と工芸」、「社会と工芸」という内容になっている。

「鑑賞」は、このような「表現」と一体化した学習活動とともに、小学校一、二年生の「身の回りの作品などの鑑賞」から始まり、高校芸術科美術の「美術作品などの見方や感じ方を深める鑑賞」及び「生活や社会の中の美術の働きや美術文化についての見方や感じ方を深める鑑賞」へと段階的に進むようになっている。

　多岐にわたる学習内容であるが、これらは児童生徒の造形的な見方や考え方を中心とする資質能力の育成のための絵や彫刻、デザインや工芸の学習であり、美術作品や美術文化に関する理解を深めることが究極の目的ではない。しかしながら、実社会における美術やアートの状況とかけ離れた教室の中だけの美術であってはならない。特にデザインは社会との関係性の上に成立するものであり、その学習も広がりとともにリアリティが必要である。

　ここでは、特に社会性を含めてリアリティのある授業展開が難しい建築デザインを題材とする鑑賞を中心にして考えてみる。

　まず、小学校図画工作科には、デザインの学習は明示されていない。ただし、前述の「造形遊び」や「絵や立体、工作」の学習の中に、デザインの学習に繋がる要素が含まれている。中学校美術科からは、デザインに表す学習が設定され、その鑑賞も提示されている。デザインの学習の中でも建築デザインについては、「表現」の学習よりも「鑑賞」の学習として取り上げられることが多く、その対象として中学校や高等学校の教科書で取り上げられているものは、歴史的建造物から現代の建築まで多彩である。

　美術やアートを日常的に意識しない人にとっても、建築に対する意識は、程度の差こそあれ存在するのではないだろうか。建築も含めたランドスケープ、もっと原初的に風景と向かい合うという視点は、この地上で生きていく人間にとって必要な能力であるとも言える。その視点を土台にして、建築デザインの鑑賞は、歴史的建造物から昨今の優れたデザイン性を持つ現代建築まで、ごく自然に構えることなく誰もが接することのできるものと言える。

美術科の学習としての建築デザインの扱いを、教科書を中心にして総覧してみると、次のような背景や傾向、そして課題がある。まず、高等学校芸術科美術の歴史を探ってみると、そのデザイン教育の流れにはバウハウスの影響がある。ドイツ人建築家ヴァルター・グロピウスによって、一九一九(大正八)年にドイツのヴァイマルに開設(一九二五〔大正一四〕年にデッサウに移転)されたバウハウスは、純粋芸術と工芸技術との総合的発展を目的とした総合的造形学校であり、世界中から多くの学生が集まった。グロピウスは生活の器としての建築との理念から、建築の研究を根底に置き、インテリアデザイン、グラフィックデザイン、プロダクトデザインなどが生み出されるという造形理論を展開し、それを基にした造形教育をバウハウスで実践した。ドイツに留学し、実際にバウハウスで学んだ日本人も多く、デザイナーなどの専門家を育成する高等教育には、今もその影響を見ることができるし、高等学校の古い美術教科書の内容にもその反映を読み取ることができる。

しかしながら、現在までの初等中等教育における造形美術教育において、建築が学習の主流となることはなかった。一九三〇年代の建築家、インテリアデザイナーである川喜田煉七郎や東京美術学校卒の教師であった武井勝雄らが提唱した「構成教育」は、建築も視野に入れたデザイン教育の実例として注目に値するが、結果的には戦時下の状況もあって普及しなかった。特に戦後は、英国人評論家であるハーバート・リードが一九四三(昭和一八)年に著した『芸術による教育』(美術出版社他)に代表されるように、感性を豊かに育み、個人としての情操を育てることを主流とし、いわゆる絵画や彫刻などのファインアート系の題材による学習が多く実践されてきた経緯がある。

ただし、戦後の新たな美術教育の模索期には、建築の要素もいくつか見ることができる。一九四七（昭和二二）年の「学習指導要領　図画工作編（試案）」の「第三章　教材、表現材料及び用具」には、「図案」や「製図」、「セメント工」などの項目があげられている。また、「無教科書時代」と言われる一九四六（昭和二一）年から一九五五（昭和三〇）年の期間につくられた、いわゆる「私教科書」を見てみると、中学校用のものには、日本の建築では桂離宮や法隆寺など、海外の建築ではフランス人建築家ル・コルビュジエの集合住宅などの写真が掲載されており、建築をデザインの学習の対象として捉えていたことがわかる。

さらに、一九五八（昭和三三）年改訂の「学習指導要領」では、中学校に「技術・家庭科」が設置され、「中学校図画工作科」が「中学校美術科」となった。その「中学校学習指導要領」を見てみると、すでに領域は「A表現」と「B鑑賞」となり、「A表現」は「印象や構想などの表現」、「色や形などの基礎練習」、「美術的デザイン」となっている。この学習指導要領改訂前の一九五二（昭和二七）年から使われ始めた文部省検定済中学校図画工作科教科書には「美しい環境」などの題材名の下に、公園なども含む地域の理想的な環境を模型でつくることを学習目標とする頁などを数多く目にすることができる。

しかしながら、当時の「全国図画工作研究大会」などの美術教師たちの実践研究の資料を探してみても、建築を主題とする授業は稀であるし、それは現代においても同じ状況である。建築をテーマとする授業実践がなされない理由として、図画工作科や美術科の教員養成課程において、建築についての学びが希薄であり、指導者としての十分な経験や知識が不足していることがあげられる。現在の中学校美術科や高等学校芸術科美術及び工芸の教科書には、多くは鑑賞題材であるが、古今東西の名建築や、優れた建築家の紹介も掲載されているが、その授業実践事例は稀である。

一方、小学校では紙や木材などを使って自分の家や物語の中の家をつくってみようという実践は普及している。それらの作品はほのぼのとしており、自分の大切な空間を飾ったり、構成したりして楽しんでつくられている。多くは小学校中学年以降であるが、すでに空間に関する感覚を働かせ、空間としてのよさや美しさが題材となっている。

それに対して、中学校や高等学校では建築文化の学習という性格が強くなってくる。日本の古代建築では、神社仏閣の建築の特徴や屋根の形式などの歴史的意味や価値が学習の焦点となってくる傾向があるし、中学校美術科教科書の定番と言ってもいいスペイン、バルセロナの「サグラダ・ファミリア教会」にしても、一八八二（明治一五）年から今もって建築工事が続いている歴史的事実が注目され、その建築空間のよさや美しさをどのように鑑賞させるかの指導は難しい。ＩＣＴ（Information and Communication Technology、情報通信技術）の活用が進み、教科書掲載の図版だけでなく、各種の映像資料を授業に組み入れることが可能になりつつある現在、絵画のような平面作品は、かなり臨場感のある鑑賞が可能となってきた。大画面による画像提示から、高精細度の画像による細部の鑑賞が広がりつつある。また、彫刻や工芸のような立体であっても、３Ｄによる画像を用いた多視点からの鑑賞も普及しつつある。

一方、数枚の写真や映像などでは理解し得ない、その空間の中に身を置いて初めて理解できるのが建築空間である。建築は構造と意匠で成立している。この二つの要素はどちらが先でも後でもない。また、設計と施工、そしてその建築を使う人によって建築は成立する。その一つでも欠ければ成立しない。それ故に、修学旅行等の旅行・集団宿泊的行事などにおいて、実際に建築と出会い、その空間に身を置いて鑑賞し考えることの意味を少し深めてみる必要がある。

一時期、京都や奈良を訪れる中学校や高等学校の修学旅行が減ったとの報道があったが、近年はまた増加しているとも聞く。また、最近の都市部を訪れる修学旅行では、グループごとにタクシーをあてがい、それぞれの見学場所を運転手のガイドつきで見てまわることが多くなった。

一九八〇（昭和五五）年に新米の中学校美術科教師として、私が初めて関西修学旅行を指導したとき、当時としては非常に珍しい先進的な取り組みでもあった京都市街地及び奈良公園における班行動によるフィールドワーク（ＦＷ）を実施した。現在のように携帯電話もない中で、各班の行動計画を綿密に立てさせ、多くの班が集まる見学場所には教員のチェックポイントを置くなどの対策を取り、準備に相当な時間を要した記憶がある。

このような班ごとの見学行動で、安全性の問題以上に課題であったのは、各見学場所での学習をどのように保障するかということであった。指導者がいない状態で、パンフレットなどを頼りに自分たちで学ぶことになる。したがって、修学旅行実施前の事前指導における学習会と美術科の授業での集中的な鑑賞学習を実施した。当時は主として鑑賞学習用の副読本や大型の図版、スライドによる映像などを用いて、主たる見学場所である神社仏閣の歴史、見どころなどを列挙していった。また、手持ちの修学旅行の栞に、自分たちの見学場所に関する基礎的な事項をメモさせ、各班員が一つから二つの見学場所を担当し、その案内係となれるくらいに事前学習を深めるよう指示をした。内容の多くは各神社仏閣の歴史とそこで鑑賞できる仏像や絵画、建築についての知識的な事項である。

しかしながら、入念にとの思いから多量に用意し提示した映像資料は、事前学習の段階では効果的であったが、修学旅行当日はかえって仇となってしまった。

そのときは、二泊三日の旅程で「京都市街地ＦＷ」、「奈良公園ＦＷ」、「嵯峨野ＦＷ」を実施した。その中で、「奈良公園ＦＷ」の教員巡回をしている間に出会う生徒たちの表情が、あまりすっきりとしていないことに気がついた。少し立ち話をして生徒たちの感想を聞くと、真っ先に出てきたのが「古ぼけて汚い」との感想であった。ちょうど東大寺南大門の前であったが、その感想は、新米美術教師であった私にはショッキングなものであった。さらに生徒の感想は、「写真のほうがきれい」、「想像していたのと違う」と続いた。確かに事前学習の中で用いた大型図版やスライドは、天候や時間を選び、場合によってはライティングをし、プロのカメラマンが最高級の撮影機材を用いて撮影したものである。その場に立ち、自身の目で見た建築やその周りの空間とは、明らかな違いがあったのである。生徒たちはそれらの画像から得た印象と同じものを、東大寺や興福寺、春日大社の建築と風景に求めていたのである。

前述のように建築がつくり出す空間のよさや美しさは、その空間の中に身を置いて初めて理解でき、味わうことができるものである。そのような空間デザイン鑑賞の姿勢を育てることが、新米美術教師の事前指導や美術の授業に欠落していたのである。

現在は、一九八〇年代よりもはるかに容易く映像資料が手に入る。導入の段階や解説のための映像資料としては、多様な視点からの映像が、ある程度の鑑賞学習の広がりを生み出す。具体的には、法隆寺西院伽藍のドローンによる空撮映像は法隆寺西院の全体像を理解させてくれるし、飛鳥時代へと想像を誘ってくれる。修学旅行で法隆寺を訪れた中学生が、事前にその空撮映像を見ていれば、自身が今いる場所の理解に繋がることも確かである。

しかし、その中学生の目に映るものは、美しい空撮映像とは明らかに違うもののはずである。そして、このようなときに大切なのは自身の感性を総動員し、今その場で見て、何を感じているかである。もちろん、聖徳太子（厩戸王）や仏教伝来などの飛鳥時代の動きや文化についての知識も必要である。場合によっては、飛鳥時代の建築の特徴についての学習もあってよい。しかしそれらは、今、その建築空間の中に立ち、そこに込められたデザイン性やその空間の意味を感じ取るためにこそあるべきである。静謐とも言える整理された法隆寺西院の空間は、現在の和風と称される日本の伝統的な建築空間とはかなり違った印象を持つ。それはことばとして理解するものではなく、まさしく建築という造形がつくり出す空間デザインの特徴であり、感性によって感じ取る学びによって成立する。修学旅行での神社仏閣の鑑賞は、その場に立つことにおいて学びのクライマックスが訪れるように、その感性を主体的に働かせる姿勢を育成することが重要である。

映像からの情報はすでにその映像の制作者の意図が含まれており、映し出されたものは対象となった建築物や建築空間そのものではない。しかし、それはまた、自分自身の学びの真正性に向けて映像を活用することの可能性も示唆している。

特殊な場合を除けば、建築物の外観を通常の方法で撮影することは可能であり、学習の一環としてそれらの映像を利用することに問題はない。もちろん、建築物にも著作権などがあることや、歴史的建造物の文化財としての価値や保存の必要性、神社仏閣の場合は信仰の対象として敬意をもって鑑賞することへの留意などについては、十分に指導する必要がある。しかし、現在のＩＣＴの発展と普及を前提にするならば、事前学習の成果をタブレットに入れ、当日、その場での発見や感動的な視点を基に、さまざまな建築空間を撮影し、事前学習の成果の中に組み入れることは可能である。また、それらを修学旅行終了後の学習のまとめとして活用することもできる。

映像情報などによる事前学習を基にして、実際の現場での体験的な鑑賞を行い、それを映像によって記録し、再編するという一連の学習活動を通して、建築空間のデザイン性とそのよさや美しさを感じ取る感性は、学習者にとって学びの真正性を担保するものになり得る。すなわち、「私が見た法隆寺西院伽藍」、「私が発見した法隆寺五重塔の美しさ」、「私が感じた飛鳥時代の特徴」などを映像化し、他者と比較し合うことで、自らの視点や感性を確認する鑑賞授業となる。

修学旅行では、歴史的建造物に触れる機会が多くなるが、建築デザインの鑑賞、建築空間のよさや美しさを味わうという視点に立つならば、さまざまな建築家による優れた現代の建築も重要な鑑賞対象である。中でも、特に近年建てられた各地の美術館は、その所蔵品や企画展、教育普及活動などの社会的機能としての美術館活動以外に、優れた建築デザインとして評価されるものが多い。

鑑賞の学習の一環としての美術館の利用は、かなり普及してきたし、美術館も教育普及活動に対する取り組みを強化し、学校と美術館の距離は縮まってきた。地域の文化施設に恵まれない環境にある学校も、旅行的な行事の学習ポイントに美術館を加えることも多い。さらに、美術館で開催されている展覧会や美術館が所有する作品の鑑賞では、対話型鑑賞やギャラリートークなど鑑賞教育の方法論も充実してきている。

しかし、建築物としての美術館という視点は、まだ希薄である。美術館は美術作品を保管する箱ではない。それはその地域の文化芸術の象徴であり、人々に文化芸術とともに生きることの大切さを実感させる機能を持った特異な存在である。それゆえにそのデザイン性が生み出す空間は、非日常的な優雅さや美しさを持っていることが多い。そのこと自体を鑑賞の対象として、空間デザインの意識やそのよさや美しさを見出す感性を育む学習も考えられる。

これまでの図工美術の学習は、平面表現がその主流にあった。しかしながら、建築空間や空間デザインに関する感覚は、これからの社会の中で一層必要となると思われる。実生活が平面上の理解で済んでいた時代から、立体として、３Ｄの感性が求められる現代を生きるとき、もはやこれは誰もが必要とする造形的感性の一つなのである。

ここでは、建築デザインの鑑賞授業を中心にして、教室の中だけではリアリティのある展開が難しい内容を取り上げてきたが、美術の学習全体に実感的でリアリティのある学習が求められる。「表現」の学習は、実際に制作し自身の主題や考えを表現する実体験によって成立するものであり、まだ身体性を伴うリアリティがあると言えるだろうが、「鑑賞」は思考である。写真を見ながら文献を読むことでも一定程度の実感を得ることはできるであろうが、美術の学習においては身体性に基づいた思考としての鑑賞の学びが重要である。これからのカリキュラムの中心の一つには、3Dの感性を育むリアリティのある授業が求められる。

専門高校の行方

義務教育段階の小・中学校と高等学校では、さまざまな違いがあるが、特に教育課程の編成については大きく異なる。高等学校の教科・科目は「各学科に共通する各教科・科目」と「主として専門学科において開設される各教科・科目」に分かれている。なお、小・中学校には科目はなく教科のみであり、教科の中にいくつかの科目がある教育課程は高等学校からである。そして「各学科に共通する各教科・科目」を中心にして構成された教育課程が「普通科」であり、「各学科に共通する各教科・科目」

と「主として専門学科において開設される各教科・科目」によって編成された教育課程が、専門教育を主とする学科ということになる。その専門学科は農業科から英語科まで、一四学科がある。

全国の高等学校数は、文部科学統計要覧（令和四〔二〇二二〕年版）では、全高等学校（本校、分校、全日制、定時制、全定併置）四八五六校である。学科別では、普通科は三七一一校であり、専門学科の高校のうち、職業学科（農業、工業、商業、水産、家庭、看護、情報、福祉）は一九五六校、その他の専門学科（理数、体育、音楽、美術、英語）は五六三校となっている。また、総合学科の高校は三八一校となっているが、普通科と専門学科、総合学校の合計が全高等学校数より多いのは、複数学科を併置する学校があるためである。したがって美術科の高校もしくは、普通科と美術科を併置するような高校の正確な数字は不明であるが、美術科及び普通科美術コース等の高等学校が組織する「全国美術高等学校協議会」の加盟校は五六校となっている。

専門学科の一つである美術科の教育課程は「各学科に共通する各教科・科目」と「主として専門学科おいて開設される各教科」のうち、「美術」に関する科目で構成される。「美術」には、「美術概論」、「美術史」、「鑑賞研究」、「素描」、「構成」、「絵画」、「版画」、「彫刻」、「ビジュアルデザイン」、「クラフトデザイン」、「情報メディアデザイン」、「映像表現」、「環境造形」の一三科目が設定され、そのうち「美術概論」、「美術史」、「鑑賞研究」、「素描」、「構成」の五科目は必修である。このような専門科目を卒業単位数七四単位以上のうち、二五単位以上修得することとして、学校ごとに特色ある教育課程を編成している。

高等学校の「現行学習指導要領」が示す専門学科美術科の目標は、次のようになっている。

美術に関する専門的な学習を通して、造形的な見方・考え方を働かせ、美的体験を豊かにし、美術や美術文化と創造的に関わる資質・能力を次のとおり育成することを目指す。

（1）美術に関する専門的で幅広く多様な内容について理解を深めるとともに、独創的・創造的に表すことができるようにする。

（2）美術に関する専門的な知識や技能を総合的に働かせ、創造的な思考力、判断力、表現力等を育成する。

（3）主体的に美術に関する専門的な学習に取り組み、感性を磨き、美術文化の継承、発展、創造に寄与する態度を養う。

ここで言う「美術に関する専門的な学習」について、現行の「高等学校学習指導要領解説美術編」では、「中学校美術科の発展として、創造活動を展開し、個々の生徒が専攻として専門的に履修する科目の学習はもとより、美術に関する幅広く多様な科目を専門的に学習することを意味している。」と解説している。前述の一三科目の目標及び内容に専門性があると言うよりも、専門的に学習することに重きがある。

また、「美術や美術文化と創造的に関わる資質・能力」についての解説では、「美術や美術文化とは、単に美術作品や過去の美術のことだけを指すものではなく、身近な生活の場にも、社会としての広がりの中にも存在する。また、美術や美術文化によって育まれる豊かな創造性は、共生やコミュニケーションをキーワードとするこれからの社会の基盤の一つとなるものである。このような考えに立って、全ての生徒に美術科の学習を通して共通に身に付けさせる資質・能力を一層明確にした。」としている。

これらのことを総括して考えるならば、美術高校での学びが美術の専門家育成の入口としてあるのではなく、美術の専門的な学びによって、社会と創造的に関わることができるような人材を育成することに目的があると言える。しかしながら、実際には美術大学等への進学に重点化した教育課程を多く目にする。具体的には、美術高校卒業生の進路は美術大学や美術・デザイン専門学校への進学が中心となっているのが実状である。

本来、美術高校で育む創造的な資質・能力は、汎用性を持つものである。自然科学であろうが、人文学であろうが、創造性はすべての分野で必要な資質・能力である。中でも美術における創造性は新たな視点を生成することに長けている。美術高校での学びを生かして理学、工学、農学、医学などで活躍する人材が育ってもよい。高校時代は、柔軟性と可能性を広げることの可能な時期である。美術が得意な人でも「私には美術しかない」と考えるにはいささか早すぎる。また、その指導も多様性を持つものでなければならない。

このような創造的に社会と関わる資質・能力を育むべき美術科もしくは美術高校の学びを端的に示

す科目の一つに「美術概論」がある。高等学校専門学科の「現行学習指導要領」が提示する「美術概論」の目標と内容は次のようなものである。

美術概論

1 目標

美術概論の学習を通して、造形的な見方・考え方を働かせ、専門的な美術に関する資質・能力を次のとおり育成することを目指す。

(1) 芸術としての美術の意義や基礎的な理論について理解を深めることができるようにする。

(2) 美術に関する創造的な思考力、判断力、表現力等を育成する。

(3) 美術を専門的に学ぼうとする態度を養う。

2 内容

1に示す資質・能力を身に付けることができるよう、次の〔指導項目〕を指導する。

〔指導項目〕

(1) 美術に関する基礎的な理論

(2) 自然と美術、生活や社会の中の美術

(3) 知的財産権と肖像権

〔指導項目〕の中でも「（1）美術に関する基礎的な理論」については、「各科目において共通に必要となる、美術の意義や創造活動を追求するための基礎となる美学や造形心理学などの諸理論を形や色彩、技法、材料や用具などに関する知識との関連を図りながら理解できるようにする。その際、単に新たな事柄として知ることや言葉を暗記することに終始するのではなく、広く人類全体の美術的な活動を俯瞰する中で、基礎的な事柄についての理解を深めたり考えたりできるようにすることが大切である。ここでは、美術の創造活動が多様化する現代において、生徒自身が美術の意義などについて自ら考えを深めることができるよう指導を工夫することが求められる。」と解説されており、他の専門科目に先駆けて学ぶべき位置づけとなっている。

「美術概論」の科目が最初に専門学科美術科の科目として登場したのは、一九八九（平成元）年改訂の「学習指導要領」からであり、必修となっていた。しかし、その後の「一九九九（平成一一）年改訂」、「二〇〇九（平成二一）年改訂」では選択科目となり、「現行学習指導要領」において、再び必修となった。このような扱い方の変化の理由の一つには、指導が難しいという担当教師の認識がある。「美術概論」のオフィシャルな教科書はない。その上で、目標の（3）に端的に示されているように「美術を専門的に学ぼうとする態度」について考えさせる必要がある。どのような教材でどのように学ばせればよいのか、かなりのキャリアを積んだ美術教師でも悩ましい。

一方、生徒の立場から考えるならば、中学校段階で美術高校への進学を決意し、高校生として美術を専門的に学ぼうとするとき、振り返ると中学校の同級生の多くは普通高校や他の専門高校にあり、自分が特殊な領域にあることを実感することになる。「美術概論」は、今、自分が何をなすべきか考え、またそのような自分を見つめる視点とは何か問う、美術高校での学びの土台となる科目である。

次に、美術高校に近い専門高校と認識されることもある工芸高校を取り上げる。しかし、工芸高校は工業高校に類するものであり、工業科の中の科目のうち、工芸デザインに関する科目を中心にして教育課程が編成されており、美術科とはかなり違った性格を持っている。工業高校全体は専門高校の中でも学校数が多く、その科目の種類も電気電子、機械、建築、土木、コンピュータ、化学、工芸、デザインなど、多岐にわたっている。

美術科よりも職業学科の場合は、該当する職種の人材を育成する性格が強いが、職業学科の専門高校全体を総覧すると、各専門領域の学びと実社会においてそれぞれの業種で必要とされる職能レベルの差が広がっているのではないかと思われる。特に工業科の場合は、各業種における技能の高度化が進み、工業高校の三年間では十分な技能の習得にまで到達できず、卒業生の多くが、企業が社員教育のために開設した技術者養成学校に入学している。そのような中で、工業高校の中には工芸デザインに関する科目を充実させ、美術デザインの大学や専門学校への進学を拡大しているところもある。

一方、古い歴史を持つ工芸高校、工業高校の中には、地場産業としての伝統工芸における後継者育成と工芸産業育成を目的として、明治期に設立された工芸学校をルーツとするものもある。明治期に活躍した画家、工芸意匠家、教育者である納富介次郎は、一八七三（明治六）年に開催されたウィーン万国博覧会に随行するとともに、ヨーロッパの工場制機械工業と新しいデザインの潮流を学んで帰国し、その産業と人材育成を目的として、次の工芸高校及び工業高校のルーツとなる工芸学校を設立し校長を務めている。石川県立工業高等学校、富山県立高岡工芸高等学校、香川県立高松工芸高等学校、佐賀県立有田工業高等学校の四校であるが、少し詳細を述べると、石川県立工業高等学校は、一八八七（明治二〇）年に金沢区工業学校として創立され、専門画学部、美術工芸部、普通工芸部を設置している。富山県立高岡工芸高等学校は、一八九四（明治二七）年に富山県工芸学校として創立され、木材彫刻、金属彫刻、鋳銅、髹漆《きゅうしつ》の四科が置かれた。香川県立高松工芸高等学校は、一八九八（明治三一）年に香川県工芸学校して創立され、木材彫刻科、漆器科、用器木工科、金属彫刻科、鋳造科、用器金工科が置かれた。佐賀県立有田工業高等学校は一九〇〇（明治三三）年に佐賀県立工業学校有田分校として創立されているが、納富によって一九〇三（明治三六）年に佐賀県立有田工業学校として、陶業科、陶画科、模型科、製品科、図案科が開設されている。四校はそれぞれに長い歴史を有し、工芸工業の分野に優れた人材を輩出してきた。しかしながら産業構造が変化し入学する生徒の職業観も変わる中で、将来に向けて中等教育後期段階の工芸工業教育を展望する必要に迫られていることも事実である。

その中で注目すべきは、石川県工では約二万一〇〇〇人、高岡工芸では二万二〇〇〇人、高松工芸では三万一〇〇〇人、有田工業では一万四〇〇〇人に及ぶ卒業生たちの活躍である。卒業生たちは、それぞれの強固な同窓会組織としても、また個人としても、担当する職業領域を超えて地域の文化振興に大きな役割を果たしている。そして地域の人々にとっても、四校は単なる教育機関を超えて、自らの地域文化のシンボル的存在となっているのである。その背景には、石川における九谷焼、輪島塗、山中漆器、加賀友禅などの伝統工芸、高岡の高岡銅器、井波彫刻、高岡漆器など、高松の香川漆器、日本で初めて磁器を生産した有田焼の伝統がある。現在は工業高校として電気科や機械科などを設置していても、元は地域の伝統工芸に根差した工芸科を中心とする学校である。伝統工芸が地域文化を形成する核となり、それを学んだ若者が地域文化の活性化に活躍するという構図がある。

ここまで美術高校と工業高校としての工芸高校の特性や違いを述べてきたが、中等教育後期段階の専門教育の在り方を考えるときにあることは間違いない。中等教育後期段階における職業観の育成は重要な課題であると同時に、一四歳、一五歳の年齢で明確な将来像を描くことのできる生徒は限られる。選択の幅と同時にさまざまな汎用性のある学びを体験し、場合によってはやり直しができることも重要である。

第4章　美術を教える

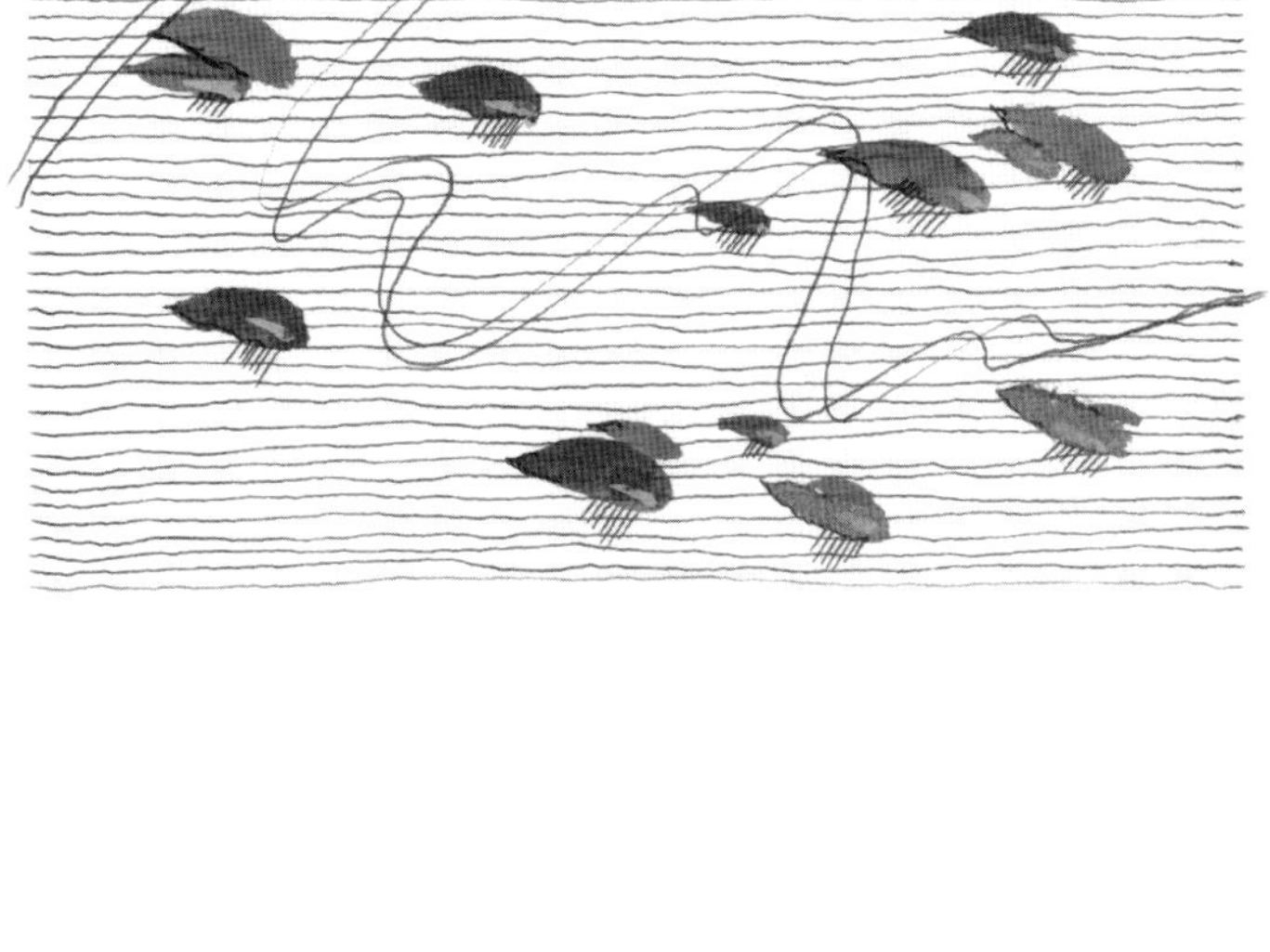

美術教師になる

美術が苦手な人たちの中には、美術教師とそりが合わなかった経験から美術そのものに対して不信感を持つようになった人たちも多いと思う。ただそれは、美術だけではなく、ある教科が得意か不得意かは、すなわち好ましい教師か否かというケースはよく耳にする。

しかし、美術科が他の教科とは少し違う状況もある。まず、ほとんどの学校に美術教師は一人しかいないということである。これが国語や数学など授業時間数が多い教科ならば、全校一五学級程度の通常規模の中学校で、三名以上の担当教員がいる。仮にそりの合わない教師がいたとしても、他の教師に救いを求めることができる。さらに近年は、同程度の規模の中学校でも、美術科の教員は専任ではなく非常勤という状況も広がっている。そうなると授業時間以外における生徒と教師の交流の機会は、極端に少なくなる。学習についての質問もできず、授業とは直接の関係はないが、美術に関する興味を拡大するチャンスもなくなってくる。学習の消化不良こそが、その教科を嫌いになる第一の原因である。

また、知識理解を中心とする教科の場合、教師の個性と生徒の個性が接触する機会は比較的少ない。「三平方の定理」の学習にわかりやすさは必要であるが、好き嫌いはさほど必要ない。そして、学習し理解すべき数学の知識は効率よく構成され、担当する教師による差は、美術などの学習活動を中心とする教科より少ないと言える。美術の場合、他教科では単元ということの多い絵や彫刻、デザイン、工芸、鑑賞などの学習題材は教師が設定する。定まった年間カリキュラムなどはなく、学習指導要領の「内容の取扱い」及び「指導計画の作成と内容の取扱い」に示された事項に従い、「目標」や「内容」の主旨を反映していれば、どのような題材も実践可能である。むしろ、生徒の実態に即した新しい題材を開発することも、美術教師の力量の一つである。したがって、美術教師とそりが合うか合わないかもあるが、題材が意欲的に取り組めるものかどうかも、美術を好きになるか苦手になるかの分かれ道になる。

二〇二三（令和五）年度の「学校基本調査」によれば、中学校の専任教員数は約二四万七〇〇〇人、高等学校の場合は、約二二万四〇〇〇人となっている。このうち美術を担当する教員については、三年に一度行われる「学校教員統計調査」の二〇一九（令和元）年度担任教科別構成を見ると、中学校美術三・七％、高等学校美術〇・九％、工芸〇・一％となっている。これらから推計すると、全国の中学校美術教員は約九一〇〇人、高等学校美術教員約二〇〇〇人、同工芸教員約二二〇人となる。全職種の就業者数六七四五万人から見れば、特殊な職業であると言っていい。この人数は専任教員、すなわち「学校基本調査」的に言えば本務教員の数であるので、非常勤講師などの数は含まれていない。全国的に美術の場合専任が減少し、非常勤講師対応で授業が展開される傾向が強い。学校に配置される教員定数は生徒数、クラス数によって決まるが、その定数のうちであるならば、どの教科に何人の教員を配置するかは学校の裁量である。必然的に週授業時間数、単位数の多い教科は人数が多くなるとともに、近年は進学重点校を掲げる高等学校も多くなり、進学とは直接的に関わることの少ない美術については、専任ではなく非常勤講師を採用するケースも増えている。

このような数少ない美術教師となるには、どのような方法で教員免許を取得しているのか見てみると、二〇一九（令和元）年度の文部科学省の教員免許状取得状況に関する調査では、中学校の美術科免許は一種免許、二種免許合わせて一四一四件である。そのうち、教員養成国立大学での取得が三七八、一般国立大学一三八、公立大学一一五、私立大学七二一となっている。また、教職大学院を含む大学院での専修免許については、国立大学で一〇九、公立大学二四、私立大学三二の合計一六五件である。

高等学校美術の一種免許全体は一三八六件、そのうち、教員養成国立大学二八八、一般国立大学一五九、公立大学一四六、私立大学七九三である。大学院での専修免許については、国立一一四、公立二九、私立三七の一八〇件となっている。また、高等学校工芸については、全体で一種免許三二九、専修免許二一件である。中学美術と高等学校芸術科美術もしくは工芸を同時に取得する場合が多いので、取得人数はこれらの数字の半分程度と思われる。

一方、一九八九（平成元）年度の全国の公立中学校教員採用人数の合計は八六五〇人であり、そのうち美術科に関しては三五五人となっている。また、高等学校の場合は、全採用人数は四三四五人であり、そのうち美術は五五人、工芸は六人である。現在、教員採用試験の受験資格に関する条件のうち、年齢についてはどの自治体も大幅に緩和しているので、正確なデータはないが、新規採用者は該当年度の免許取得見込み者、すなわち大学新卒者に対して、過年度卒業者が増加しているのではないかと推測される。

学校教育全体としては、教員不足による危機的な状況にあるのは事実であるが、こと美術に関してはある程度の採用試験倍率は成立している。特に、高等学校美術教師の新規採用が、全国で五五人、工芸に至っては六人という状況は相当な狭き門である。ただし、専任教員採用がこのように少ないということは、前述のように、多くの学校が美術科については非常勤講師で対応しているということでもある。したがって、私が勤務する武蔵野美術大学にも美術科非常勤講師募集の連絡が全国の中学校や高等学校から集まってくる。このような募集情報は、教職課程研究室にメールアドレスを登録している大学院生や卒業生などに直ちに伝えているが、応募はほとんどないのが現状である。かつては、中学校や高等学校の非常勤講師を務めながら作家活動を行う美術教師というイメージが強かったが、現在は稀である。美術教師という仕事も作家活動も、現代においては、ともに片手間でできるものではない。

武蔵野美術大学の場合、中学美術及び高等学校美術、工芸の教員免許を取得して卒業・修了する学生は、毎年約一〇〇名前後であり、新卒者及び既卒者を含めて毎年二〇名前後が全国の小・中・高の図工美術専任教員として採用されている。そのような状況の中で、近年の特徴的な傾向としては、一度採用試験に失敗して、翌年にまたやり直して受験しようとする学生の減少である。仮に不合格ではなくいわゆる補欠合格となり、翌年の受験では一次試験免除などの配慮があっても、再受験をする学生は少ない。その理由の一つは明らかに近年の教職ブラックとする認識の広がりがある。美術教師という職業は、すでに教員採用試験浪人までしてなるべき職業ではなくなっている。また、企業からの求人の拡大も背景にある。

現在の美術大学には、これまで求人の来なかったような企業からの募集が多数寄せられている。そしてその職種も広範囲に及んでいる。一昔前ならば、美大生の親は、卒業したらどうするのかという心配に悩まされたものであるが、本人が望みさえすれば就職は可能な時代にある。むしろ、教職に適性のある優秀な美大生は、また、企業にとっても好ましい人材なのである。

前述の美術に関する教員免許状取得状況では、全体の約半数以上が私立大学での取得であり、教員養成国立大学の倍以上となっている。この私立大学の多くは、武蔵野美術大学のような私立美術大学であるが、美大における美術教師志望者には、教員養成大学とは違った要素がある。それは、教員養成系大学の学生の大部分が最初から美術教師志望であるのに対して、美大生の場合はそうではないことである。入学直後に行う教職課程履修希望者へのオリエンテーションには、武蔵美の場合三〇〇人近くが集まるが、その時点での意思を尋ねてみると、教員志望者は数名である。オリエンテーションに参加した理由は、美大に行くからには教員免許は取れという親や周囲からの強いアドバイス故である。

理由がどうであっても、そこから毎年一〇〇人程度が教職課程に履修登録をして、教育職員免許法施行規則等に定める教職関係科目の学修が始まることになるが、そこでの学びや研究の中で、教職の意義を理解し、自分の適性とともに教師となる意思を育んでいくことになる。また、現在は学校現場と大学の教育研究活動の連携プログラムも多数あり、教育実習だけでなく、小・中・高の児童生徒と交流し活動をともにする機会がさまざまに設定されている。このようなプログラムの多くは学生の自主参加であるが、この子どもたちと直接的に触れ合う体験が、美術教師となる意思を一層拡大させてくれる。

しかし、彼らは教職課程履修登録者である前に、各学科に所属する学生である。武蔵野美術大学の場合、造形学部一〇学科のうち、日本画学科、油絵学科、彫刻学科、視覚伝達デザイン学科、工芸工業デザイン学科、空間演出デザイン学科、芸術文化学科の七学科の学生が教職課程に登録できるが、それぞれの学科での制作、学修、研究を土台にして、教職課程の学修や演習が成立する。美大生は各学科での課題や自身の制作・研究でもかなり忙しい状況にあるが、教職課程を履修するということは、さらに多くの単位の修得が必要になるし、専門外の造形美術についての知見も広げる必要がある。そのような多忙な学生に対して、まず自身の専門領域での制作や研究を深め広げることを中心にして、教職について考えるよう促している。造形美術の広い世界を学ぼうとするとき、各領域はバラバラに存在するのではなく、自身の専門を核として、さまざまな領域を繋げたり、対比したりしていく学びの大切さを説いている。それはもちろん美術教師として必要な素養であり、同時に自分の表現を追求する上でも多様な知見を与えてくれる。大きな変革期にある学校教育であるだけに、美術大学での学びを土台にした専門性と汎用性を備えた美術教師になってほしいと願っている。

美術教師の仕事

教師の仕事の第一は当然のことながら授業を行うことである。授業題材や単元を計画準備し、実践し、子どもたちの学びを評価する。そのような授業の計画を立てる場合、教師が児童生徒をどのように理解するかが、まず大切になる。これを一般的に「児童観、生徒観」と言うが、狭義に解釈した場合、直接の指導対象となる児童生徒の特性を見極めようとすることであり、広義には社会全体の子どもの状況や、望むべき子どもたちの将来をどう考えるかということになる。

子どもたちに対する正しい認識や理解を可能にするためには、まず、教師自身が社会を展望し、真実を見つめる姿勢を持って、子どもたちと向かい合うことが大切であるが、しばしばこの教師の仕事の特質故の課題も散見される。その課題は各教師の仕事におけるものだけでなく、学校という組織の特質でもあるが、教師や学校が眼前の子どもたちの指導に集中するあまり、その子どもの背後にある社会性についての意識が希薄になるという傾向がある。つまり、社会的存在としての子どもという認識の不足である。担当している児童生徒は、その教師にとっての教え子である前に、家庭や地域、社会の構成員として生き活動している存在であるという理解が、学校の日常の中で見過ごされてしまうことも多いように感じられる。

このような教師や学校に共通する特質を踏まえながら、ここでは美術教師の仕事に焦点を当てて考えてみるが、最初にこのような課題を取り上げた理由は、美術教師の仕事には社会的存在としての児童生徒という認識が一層重要であると考えられるからである。なお、ここでは小学校の図画工作専科及び中学美術科、高等学校芸術科美術・工芸、専門学科美術科、特別支援学校の図工美術を担当する教員の総称として美術教師としている。

美術教師は毎日の授業において、児童生徒の表現や鑑賞の学習活動を通して子どもたちを理解し、その学びを支援することが仕事の中心となる。その美術教師が児童生徒を理解し指導するために必要な素養として、教育理論や心理学などとともに、美術に関する幅広い知識や技能が必要なことは当然である。さらに、その特質として、児童生徒の学習活動としての造形表現などから、児童生徒を理解する能力が重要になってくる。

児童生徒理解や学びの状況を学習活動から読み取ることは、視点こそ違えども他の教科も同じである。美術教師の場合はさらに、児童生徒の学習の結果としての造形表現、すなわち作品からも児童生徒の思いや考え、学びの状況などを読み取り、一人ひとりに対する理解を深めることが必要になる。そこには、美術作品のよさや芸術性を鑑賞するような視点とは違った、美術教師特有の分析力とでも言うべき能力が必要になってくる。そして、その能力を最も発揮できるのは、その児童生徒を直接指導した美術教師その人である。

このような美術教師の仕事の特質を支える土台には、広い美術・造形に関する知識や技能がある。また、それらは教師自身の感性とも結びついている。すなわち、子どもたちの造形に寄り添うことのできる美術教師であり続けるためには、美術に関する幅広い知識や技能を身につけるとともに、自らの感性を磨き続けることが重要である。

このような学び続ける美術教師のための研修も、文化庁や教育委員会主導のものや、美術教師の教育研究団体が主催する自主研修などさまざまに設定されており、内容も理論研修や実技研修、実践研修など幅広い。そして、まずは美術教師自身が自らの仕事の特質を考え、自らの専門性をさらに高めようとする意志が大切であることは言うまでもない。

しかしながら、美術教師が自らの仕事の特質を考え、広く果てしもない美術の世界について学び続け、教育の視点を深めるには大きな努力を要することも事実である。一般的に教員研修では、明日の授業に使えることを求める傾向がある。しかし、研修の本来的な目的は、美術教師としての専門性を高めるためにある。そのためには、まず自らの中心となる専門領域を持つことが重要であると考える。それは、表現活動である場合もあるし、美術史や鑑賞教育などの美術教育理論の研究である場合もある。領域のみならず方法も多様であってよい。これは、自分の専門性を中心にして教育を展開するという意味ではない。むしろ逆である。核となる自らの専門領域から広い美術の世界を俯瞰することによって、児童生徒が学ぶべき美術の在り様が見えてくる。

美術教師の仕事の特質は、美術の専門家としての知見と教育者としての専門性の二面性によって成立し、それらは連動している。すなわち、美術教師の教育力は美術に関する専門的知識や技能と表裏の関係にある教育的専門性によって形成される。美術に関する専門的知見のみでは、美術教師として求められる教育力とはなり得ない。

近年、さまざまなアーティストを学校に招聘しての特別授業などが増えているが、その場における充実感や新たな体験的な学びには、アーティストの個性豊かな芸術的特性が大きな効果をもたらす。しかし、その特別授業の意味をも加えた美術における学びの全体を俯瞰し、児童生徒の学習と成長全体に責任を持つことが、美術教師の仕事の特質であり、教育力である。

さらに、急激なテンポで変化を続ける現代社会にあっては、美術教師の仕事に新たな要素が加わることになる。現代社会を「VUCA」の時代とする論評をよく聞くようになってきた。VUCAは変動性（Volatility）、不確実性（Uncertainty）、複雑性（Complexity）、曖昧性（Ambiguity）をキーワードとして現代と近未来を捉えようとするものであるが、固定化された価値観に基づいた教育を展開してきたこれまでの学校教育では、対応は難しい。確固たる価値観が成立しない社会状況下における教育の在り方を考えるとき、VUCAが示す変動性、不確実性、複雑性、曖昧性を本来的に内包する芸術性や創造性に基づいた教育を担当する美術教師の仕事は、一層期待されると同時に困難さを増していると言える。

その期待を一言でまとめるならば、「これからの美術教師の仕事は、多様性を拡大させる世界と人間について熟考できる人間を育成すること」である。故に、美術教師の仕事は、拡大し変容する芸術、美術の世界を広く知るとともに、その拡張を教育力として生かすことのできる人材が担当すべき仕事としての性格が強くなっていくだろう。眼前の個々の児童生徒の理解から国際的視野で社会や人間を考えるという視点まで、美術教師がその仕事のために身につけるべき知見や能力は多岐に広がり続けていくことは想像に難くない。

前述したように、美術教師に限らず教師の仕事は、絶えず学び続けることが必要な特質を持つものである。教師の学びのための研修の機会と場が広がり、社会のさまざまな分野と繫がっていくことは、学校そのものを開かれた場へと変化させていくことでもある。そして、開かれた学校にはさまざまな知識や経験が注入され、子どもたちの学びの質を保障し、学びの真正性を高めていくことになる。

学校での公開授業などの授業研究は、我が国の学校教育では至極当たり前のことであり、学校の日常の一つであるとさえ言える。一番身近な校内研修に始まり、区や市の教育委員会が主催する教育研究会など、その機会は多種多様にあり、ともに指導力を育てて行こうとする教員間の意識は、学校教育の質的保障そのものと言ってもよい。しかし、この我が国における学校教育の優れた機能の一つである教師間の授業研究が、今、大きな曲がり角にある。一つには教師の急激な世代交代によって、互いに学び合う教師集団の成立が難しくなっていることがある。また、教師の多忙さが増すことによって、授業研究への意欲が低下し、それに充てる時間や気持ちの余裕が持てないなどの状況もある。近年では「自主研修」を支える制度も縮小化し、教科を問わず民間教育研究団体への参加は減少している。教師の仕事の基本である教師としての学びが滞るこのような状況には、大きな危惧を感じる。

教師の仕事とは少し離れるが、将来の国民像や理想とする個人の在り方についての世論調査や各界からの意見に、あまり多様性が見られないという最近の傾向を感じる。判で押したような人間観とまでは言わないが、多くの意見や議論全体を通して、個人としての在り方や生き方についての幅や広がりがあまり感じられない。各種報道機関から提示される各界の代表者、有識者の理想的国民論、そして教育論を展開する出版物で描かれる個人像でさえも、ある種の典型があり、それを疑う姿勢そのものが弱体化しているように見える。ましてや理想の子ども像となると、その画一性は揺るぎがないほど強固であるように感じられる。

端的にその傾向全体を集約するならば、社会に貢献できる個人というステロタイプである。これらが意味するところはもちろん間違いではない。教育基本法が「人格の完成と社会の形成者として必要な資質を備えた心身ともに健康な国民の育成を期す」ことを第一条に掲げることは当然である。しかしながら、現実社会のさまざまな場面を生きる多様な人々を、このような視点だけで捉えてよいのであろうか。実生活の現場は複雑であり、国民とは千差万別の生き方をしている個々人の集合であることを認識しなければならないのではないか。

さらに、「現行学習指導要領」に目を移すと、全体としてわかりやすく整理されている。図工美術に限っても、教科としての構造や小・中の関連を理解した上で、学習の目的や内容を分析的に読み取りやすくなっているし、学校教育における図画工作科や美術科の学びがより明確にされたと言える。しかし一方で、これは学習指導要領が理想とする子ども像、国民像をより鮮明に描き出すことにも効果的である。「わかりやすい」が故に普及性、浸透性を持つ。そしてそれが社会の理想的形成者、すなわち理想的な国民としてのあるべき基準が世論として構成されていく危うさを含んでいる。

このような危うさを回避できるのは、教師の専門性においてに他ならない。そして、ここでの専門性とは、個性的で多様な子どもたちを見つめ、理解し、受け入れようとする教師としての幅や奥行きのことであり、さらに美術教師においては、造形美術に対するより広い知見とともにある教育力である。教育基本法が求め、学習指導要領が指し示す社会の理想的構成者像は尊重されるとしても、子どもたちは個性を持ってそれぞれの日々を生きて成長しているという実感を基にした授業実践の展開こそが、教育現場を担当する教師の専門性であり仕事である。そして、その専門性は、教師としての不断の学びによって保障されるものである。学び続ける教師、教師集団であることが、不確定な社会における新たな学校教育への信頼を高めることになる。

ことばと体験の間

私の手元に、素焼きをしてテラコッタにしてある小学校三年生の粘土作品が二つある。一つは、「ギッコンバッタン」と呼ばれる、向き合って座った者どうしが足裏をくっつけて手で引っ張り合う遊びの状況を表現している。もう一つは、お父さんに肩車をしてもらっている自分の姿を表している。大きさは「ギッコンバッタン」が長さ一一センチ、高さが七センチ、「肩車」は高さが一七センチほどである。これらは、それぞれ違う小学生による作品であるが、両方とも、小学校三年生が楽しみながらつくった作品として微笑ましい。ただし、この二人の小学生は視覚特別支援学校に通う子どもである。この作品がつくられた背景や状況の詳細は不明であるが、この二人は生まれながらにして視覚障害があり、ほとんどものを見ることはできなかったと聞く。

我々が事物を描いたり立体に表したりするためには、そのものの映像を脳内に描くことが必要である。通常は視覚的に取り入れた情報を中心にしてそれを描くことになるが、この二人の小学生は視覚情報がない中で、このような造形を表現し得ている。すなわち、視覚の代わりに、触覚や聴覚、嗅覚、体のバランス感覚、運動感覚などを総動員することによって、二人の脳内映像は結ばれたと思われる。ここから言えることは、人間が生まれながらに持つ諸感覚が部分的に機能しなくても、他の機能によってそれを補うことが可能であるだけでなく、補い合う機能故の鋭敏さを持つことを示している。

具体的には、この二つの作品には、触覚を中心とする造形であるが故の立体としての明解な把握が見て取れる。それは見たままを表したもの以上に、造形的強さや生命感を感じさせる。この小学生の作品を手に取るたびに、我々は自らの人としての身体機能をもっと高く評価してよいのではないかと考えさせられる。体全体から集めた感覚から思い描き、手足を使ってそれを表現する活動は、理解を深めさせ、自らの思いを確認させ、さまざまな感情を育み、何より鋭敏な感性を育てている。

一方、わかりやすいことばや文章、語りで解説したり、考えや思いを明確に伝えたりする能力が、近年とみに求められている。論理的思考を基本とする社会においては、むしろ難解なことばや文章は敬遠される傾向にあるとさえ言える。テレビのニュース解説などを担当するキャスターの中には、そのわかりやすい解説で人気を博す人もいるし、「世界一わかりやすい」をうたい文句とするTV番組もある。近年の学校での国語の学習においても、文学的表現よりも論理的文章の読解に力点を置く傾向がある。文学作品の読解でよく用いられてきた「行間を読む」ということば自体が遠くなりつつある。論理的思考を中心とする授業では、効率のよい学習活動を目指し、指導者のことばや解説は一層わかりやすく的確であることが求められる。さらに各種のICT機材や映像装置を駆使し、わかりやすさを増幅するための技術も進歩している。

しかし、主としてことばが思考と伝達のための役目を担う場合、わかりやすさはときとして思考の多様性や広がり、深まりを妨げることがある。わかりにくいものとわかりやすいものがあれば、人は当然わかりやすい方を選択する。そこから流れ出てくるわかりやすく的確なことばは、そのまま学習者の中に蓄えられる。そして、多くの人は、その時点で学習が終了したものと考えるのである。わからなかったことがわかった。新しい知識を得た。これが学習の最終段階だと考えるのである。しかしそれは、自身の中にそのことばや解説や言説を発した人の分身を取り入れたにすぎない。

別な見方をすれば、そのわかりやすいことばや解説の中に悪意があったとしても、その悪意もろとも受け入れることになるのである。また、わかりやすいことばや解説、言説は拡散しやすい。近年のSNS（Social Networking Service）におけるトラブル多発の背景の一つはここにある。善意によるわかりやすいことばや解説、言説であっても、発信したその人の意思が働いていることを、受け取る側は理解しなければならない。わかりやすいことばや解説は、事実を自分流に認識し、分析し、自分なりの解釈をすることによって生まれる。その時点で、情報を発する人の思想や感情、価値観が働くということを理解しておく必要がある。

わかりやすく的確な説明は、また大衆性を持つ。人々はわかりやすい言説に魅了される。さらに論理的であるように聞こえてくればくるほど、広がりは勢いを増す。このことは、歴史を振り返って、善きにつけ悪しきにつけ、大きな社会変動をもたらした政治家を思い浮かべるならば確かなことである。

どんなにわかりやすく的確な言説であったとしても、そこに発信者の意思や価値観が含まれるならば、真実とは何かを明らかにすることとは、決して容易いことではないと言える。そもそも真実とは、実は各個人の認識の仕方によって異なる姿形をしたものであり、絶対唯一の真実は存在しないとの哲学的論考も存在する。よってそこに、学びの意味がある。学びの真正性、本当の学びとは、得た知識や他者の言説から自身の新たな思考を広げ、それらが表現される段階まで進むことであり、その時点で自分にとっての真実が成立することである。さらに重要なことは、その多くは自分一人で行われるものではなく、他者との関係性の中で成立するということである。関係性で成立するが故に、自分にとっての真実は多くの人にとっても真実となり得るのである。

「連携」や「協同」、さらに「協働」が教育のみならず社会の重要なキーワードとなって久しい。そのために人々は的確なことばを用いてわかりやすく語り、話し合おうとする。しかしながら、その根底に「共感」があることを忘れてはならない。そして、その多くは身体性を用いともに体験したものを土台とする「共感」であり、そこからお互いの理解や信頼は育まれる。昨今はオンラインによる会議やミーティングが普及し利便性を高めているが、結局は対面でのコミュニケーションを希求する状況になっている。オンラインでの「共感」は、ことばでは理解できても体験するのは難しい。

また、「共感」は受け止めるだけでは成立しない。お互いに働きかけることが必要である。自らは動かず他者から受け取っただけのわかりやすいことばは、前述のようにときとしてすべてを理解し得たとの誤解を生じさせるだけであり、やがて忘却されていく。ことばと体験による「共感」はもっと近いところにあるべきなのである。

冒頭の、視覚障害のある小学校三年生のテラコッタの作品に話を戻すならば、「ギッコンバッタン」のお互いの体の位置はどうなっているのか、肩車のときにお父さんと自分のバランスはどうなっているかなどの言語による認識は、この二人の小学生には必要ない。体験から生まれた脳内イメージは明確であり、視覚的障害があってもみごとに表現されている。現実に「ギッコンバッタン」をやっているときには、もしかすると相手が力を込めるための「うーん」というような唸り声や、肩車のときのお父さんとの会話など、ことばの要素が皆無とは言い切れないかもしれない。しかし、ここでは体験より体感と言った方がよい「共感」が、二人の脳内に描かれるイメージを確かなものにしている。そして表されているのは「楽しかった」という感情であり、ここには「楽しさ」をことばにする意味はない。

またこれを、バーバルコミュニケーション（言語による意思伝達）とノンバーバルコミュニケーション（言語以外による意思伝達）の二元論で考えることは意味がない。社会のさまざまな仕組みや機能を考えるとき、最初にことばありきとする見解もあるだろう。しかし、世界は形と色でできていることもまた事実であり、さらに一つの生命体として感じ、身体的に体験しながら生きている。すなわち、ことばと体験の間に人間性の根拠があるとも言えるのではないだろうか。少なくともこれはＡＩにはできない。

百聞ハ一見ニ如カズ、百見ハ一試ニ如カズ

中学校に教育実習に行ってきた学生の多くが、自分が考えていたよりも今の中学生は手が動かないと言う。一〇年前は学生自身も中学生であったのだが、そのときの記憶と現状はかなり違うと感じるようである。そのようなときには、美術大学で学んでいる学生自身の方が少数派であって、美術を得意とし、手を動かすことに苦を感じることもなく、むしろ喜びとしてきた中学生像を一般化してはいけないと話をしてきた。描くことを中心に造形活動全般に関して、小学校高学年あたりから次第に苦手意識が生まれてくることがある。特に中学生にとって造形という行為は、労多くして満足感に乏しい行為でもある。また、そのように思う中学生が多数であると理解する方が妥当である。そして、美

術が苦手な人の出現はこの段階あたりから多くなる。

しかし、近年の子どもたちのさまざまな事例を見るにつけ、これは単なる興味関心の問題ではなく、手の機能そのものが低下してきているのではないかと危惧することもある。その機能低下が結果的に造形活動への不満となり、美術に対する苦手意識を生み出しているのではないかとも考えられるのである。

手の機能低下の原因には、手を使う機会の減少があることは言うまでもないが、もう一つには失敗を極度に恐れるという傾向が強くなっていることも考えられる。これは子どもたちの問題だけではなく、子どもたちを囲む大人たちや社会全体の傾向でもある。すなわち、失敗は負けとする考え方の広がりがそこにある。勝ち組、負け組という価値判断が幅を利かす社会において、子どもたちは転ばぬ先の杖を持つことを求められ、失敗してはならないとの意識を注入される。結果的に興味を引くものや目新しいものに出会ってもすぐに手を出すことはしない。一方、造形はまず手を出すことから始まるものと言っても過言ではない。したがって、そこに失敗があるのが当然であり、失敗から学ぶことで新たな造形は生み出されるとも言える。失敗を恐れる意識からは新たなものは何も生まれてこないし、生み出すための自らの手が汚れることを忌避する社会は創造性を失っていく。教育も効率化が求められ、勝ち組負け組論で評価される時代にあって、失敗から学ぶことを許される場や時間は少なくなっている。

明治期の手工教育提唱者たちは「百聞ハ一見ニ如カズ、然レドモ、百見ハ一試ニ如カズ」を、自らの教育の意義を示すものとして共通の標語としていた。「百聞ハ一見ニ如カズ」は現在もよく耳にするが、「百見ハ一試ニ如カズ」はあまり知られていない。「一試」とは実際にやってみることを意味している。聞いたり見たりするよりも、やってもみることの方が学びの質は高いことを説いている。現代の工作教育や工芸教育と比較すれば、明治の手工教育は技術教育としての性格が強いものであった。しかし、その主たる教育方法が「一試」、すなわち実験実習を中心としていたことは、新たな価値を創造しようとする空気に包まれた明治という時代にあって、必然であったとも言える。

しかしながら、現代の学校教育では多くの教科において実習の機会は減少している。教育課程がオーバーフローとも言える状況になり、学習内容の理解や定着に十分な時間を保障することができない中で、時間と労力が一段と必要な実験や実習は敬遠されがちである。また、指導者の責任として教育の成果が強く求められる状況においては、いかにわかりやすく効率のよい学習指導ができるかに、教育方法についての議論は集中する傾向にある。実験や実習による指導は学習者の姿勢によって学習成果の差が生じやすく、座学型の授業を中心にして授業が展開されることも多い。学校からアルコールランプは消え、代わりのガスバーナーも出番が少なくなった。理科室の実験器具や図工室や美術教室の工具類を使用する機会はめっきり少なくなった。そして今、それらに代わってパソコンやタブレットが学習の中心に位置づけられようとしている。

パソコンやタブレットを用いた学習であったとしても、「一試」に近い体験はできるし、失敗もあり得るとの意見もある。ただし、この場合失敗してもその修正は容易い。失敗が学びとなるのは、失敗からのリカバリーがなされるときである。そこから生まれる新しい発見や視点、それに伴う苦心によって真の学びが成立する。それはまた身体の記憶として刻み込まれることも重要である。したがって、やり直しは困難な方がよい。パソコンやタブレットを中心とする授業では、マウスとキーボードで概ねの修正は可能である。新たな修正のための発想が生まれても、身体性は希薄である。「一試」には、もう一つ手を中心とする身体性も含まれているのである。

ここでは「一試」をわかりやすく実習に置き換えたが、そこには身体性とともに、やってみようという姿勢や意志もさらに含まれている。指導者は試みようとする意欲を学習者に起こさせ、多様なやり方が可能な幅のある学習機会を提供し、失敗を恐れず試し、そこから学び取る意欲的な姿勢を大切にしなければならない。誰がやっても同じ明らかな結果となる実験や、描き方やつくり方が効率よく組み立てられ、何も考えずとも出来上がる作品制作などに失敗はないし、やってみようとの意志も育たない。それはまた、学びのない学習ということになる。

現在の教育テーマの一つであるアクティブラーニングの視点に立った授業改善、すなわち「主体的・対話的で深い学び」への取り組みでは、学習者の深い学びが重要視されているが、ことばだけで理解したことと「一試」という体験を通して学んだことの差は明らかである。そして、試みることから生まれる多種多様な失敗が、文化を創造していく源となる。文化創造とは、人が自らの生き方を切り開こうとするその主体的な姿勢から生まれてくるものであり、失敗の経験こそが創造の父であり、成功経験の喜びこそが創造の母である。

美しい美術の教科書

最近は、『○○○の教科書』というスタイルの書名を持つ本が目につくようになってきた。また、美術の領域では「教科書で見た作品」とか「教科書的な作品」などの言い回しもときどき耳にする。しかし、教科書とは何なのか、特に美術の教科書とはどのようにつくられ、教科書の現状はどのようになっているのかは、学校関係者以外ではほとんど知られていないのが実情だろう。

まず、文部科学省は教科書を次のように説明している。

教科書は正式には「教科用図書」といい、小学校、中学校、高等学校、特別支援学校などの学校で教科を教える中心的な教材として使われる児童生徒用の図書のことです。我が国では学校教育における教科書の重要性を踏まえ、原則として上記の学校では文部科学大臣の検定に合格した教科書を使用しなければなりません。

（文部科学省ホームページより）

定義づけは多少違うかもしれないが、世界の教科用図書を比較してみると、それぞれのお国柄が見えてなかなか興味深いものがある。特に美術の教科書は、その国の美術文化を集約したものだけに、内容に特徴があるのは当然であるが、本としてのデザインや構成も特色が際立っている。そのような多彩な各国の教科書の中でも日本の図画工作や美術の教科書は、抜きんでて美しい教科書であると誇れるものである。海外の美術の教科書は文章を中心にして構成される傾向が強いが、日本の図工美術の教科書は作品図版を中心にして構成されている。海外の美術教育関係者と教科書を交換すると、異口同音にその美しさ、優れたデザイン性、高い製本技術についての賞賛の声が聞かれる。また、それが義務教育教科書無償給与制度によって、小・中学校の全児童生徒に無償配布されることを知ると、驚きの声が聞かれることも多い。ちなみに諸外国、特に多くの先進国では、教科書は給与ではなく貸与となっている場合もある。

教科書をつくっている立場としては、児童生徒一人ひとりの手に渡る図工美術の教科書が、感性を豊かにし、情操を養うにふさわしい美しいものでなければならないという思いは当然のことである。また、初等中等教育段階で、感性に働きかけるような美しいものと出会うことができるかが、その後の生き方に強く影響するとも考えている。何より、児童生徒が身近なところで出会うことのできる美しいものの一つとして、図工美術の教科書が存在すると言えるだろう。

ここで少し、図工美術の教科書だけでなく、教科書全般について取り上げてみる。小学校から高等学校までのすべての教科及び科目には、基本的に引用した説明にある文部科学大臣の検定に合格した教科用図書、すなわち文部科学省検定済教科書がある。ただし、高等学校の科目の中には、高等学校芸術科工芸Ⅲのように需要数が少なく、教科書が存在しない科目もある。また、学校には検定済教科書とは異なる教科書に類するものもある。一般的には副読本などと呼ばれ、資料集や年表、技法書など検定済教科書の学習内容を補うものが該当する。副読本類は、教科科目の担当教師の判断と管理職の決裁によって、教材費として保護者から徴収する費用で賄われる教材の一種であるが、ここでは文部科学省検定済教科書を中心に見ていくことにする。

教科書検定制度とは、各教科書会社が作成したものを、文部科学省に提出し、教科書調査官を中心とする検定委員会の審査を受け、合格となれば文部科学省検定済教科書として使用が始まることになる。また、検定合格と使用開始の間には約一年の時間があり、その期間が採択期間となる。公立小・中学校の場合は広域採択制となっており、市や区ごと、場合によってはいくつかの市町村の連合体によって、教科ごとの教科書採択委員会で次期に採用する教科書が推薦され、該当教育委員会が決定する。私立や国立、そして高等学校の場合は単独採択として、学校毎に採用する教科書を決定することになる。教科書会社も自社の教科書が多くの自治体や学校で採択されなければ、企業としての収益は上がらず、それだけに昔は激しい販売競争が行われ、贈収賄事件などが発生した時代もあった。しかし、現在は文部科学省による教科書採択の公正性確保に関する指導もあり、そのような事件はほとんど聞くことがなくなった。

このような検定教科書制度であるだけに、教科書に記載された内容は、国が定めた学習指導要領の目的や内容に適合し、学問的検証とともに日本国民として学ぶに相応しいものであると認めたことになる。したがって、特に社会科などでは主義主張によって大きな隔たりがある歴史認識などについて、各教科書会社がどのように記述しているかが社会的な関心を集めることになる。一般的に検定合格となる前には、教科書の記載内容として不適切なところなどについて、教科書検定委員会からの修正意見が該当教科書会社に提示される。具体的には編集者と教科書執筆者が修正意見を受け取り、限られた日数の中で再検討し、修正案を提出するなど、検定合格となるように対応をすることになる。

そのやり取り自体が社会科を中心として新聞報道の対象となることがあるが、美術科の教科書においても、文部科学省からの修正意見が新聞で報道される事案がかつてあった。二〇〇八（平成二〇）年三月八日の朝日新聞夕刊の記事であるが、高等学校芸術科美術Ⅲの教科書に掲載予定であった画家、横尾忠則の作品について、教科書掲載の理由が不明で不適切であるという理由で変更を求められたものである。指摘された作品はルーヴル美術館蔵の《ガブリエル・デストレとその姉妹》をモチーフにし、《「暗黒舞踏派提携記念公演」ポスター》として一九六五（昭和四〇）年に横尾が制作したものである。画面には「私の娘展示即賣會場」の文字がある。この教科書会社は、本作を横尾忠則の表現の大きなターニングポイントとなった重要な作品として掲載を考えたが、記事は「芸術性を否定するものではなく、高校生の教科書として配慮不十分との判断である。」との文部科学省のコメントを伝えている。私が中学校美術科の教科書執筆を担当するようになってから、三十数年が経つが、図工美術の教科書の検定に関して新聞報道となるような事案はこれだけであったと思う。これを権力による教育、もしくは芸術に対する介入とみるか否かについては、議論が分かれるところである。事実、自身が担当する中学校美術科の教科書検定において、掲載作品の修正や変更を求められたことはこれまでになかったし、これを論じるときに、まず美術の教科書という書籍の特性を考えておく必要があると考える。

同じ美術に関係する教科科目とはいえ、小学校図画工作科、中学校美術科、高等学校芸術科美術の教科書の性格はかなり違う。その基になる学習指導要領が違うのだから当然ではあるが、執筆者及び編集者の教科書観にも違いがある。ごく簡単にまとめるならば、小学校図画工作科の教科書の大部分は児童の造形活動、学習活動そのものが掲載されている。作家の作品や美術文化に関する内容は上級学年用でも極少数であり、掲載される参考作品のほとんどは、児童によるものである。中学校美術科の教科書になると、圧倒的に作家やデザイナーの作品が多くなる。もちろん生徒作品も数多く掲載されているし、中学生の造形活動の様子も例示的に示されているが、それらに加えて、参考資料ではあるが美術年表なども掲載されている。これが、高等学校芸術科美術の教科書を見ると、ほとんどが作家作品となる。制作例としての作品も生徒作品ではなく、教科書執筆者等が作成したものがほとんどである。学習テーマは提示されているが、画集もしくは作品集に近いと言っていい。現在、小学校図画工作科の教科書は二社、中学校美術科の教科書は三社、高等学校芸術科美術の教科書は二社が作成しているが、ほぼ同じ傾向にある。

芸術作品、アート作品が鑑賞の対象として中心的に掲載されるのは、中学校と高等学校の教科書であるが、修正意見をつけられた横尾の《「暗黒舞踏派提携記念公演」ポスター》が、中学校美術科の教科書掲載作品となることは、執筆担当者の一人としてあり得ないと言える。まず候補にすらならないだろう。なぜならば、中学校美術科の教科書に掲載される芸術作品やアート作品は、中学生が自らの主題を考え、表現するための参考資料であり、鑑賞する場合においてもそのよさや美しさを味わうとともに、自らの感性を豊かにするところに目的がある。美術文化について学ぶことも中学校美術科の内容であるが、それは美術文化そのものを学ぶのではなく、美術文化への興味関心を育てるため、その扉を開くことに主眼がある。それらを踏まえると、芸術やアートへの誘いとして《「暗黒舞踏派提携記念公演」ポスター》が適切であるとは考えにくい。

一方、高等学校芸術科美術の場合は、芸術やアートそのものを学ぶという要素が強くなる。芸術科という教科の中にある音楽、美術、工芸、書道の各科目が選択制となっており、芸術やアートという視点から学びを考えることが求められる。したがって、現在多様な表現活動を展開する現役の作家である横尾忠則について学び、そこから現代の美術や芸術への視点を広げようとする高校芸術科美術の教科書頁に掲載することは、学習としての意味があると言える。しかし、ミケランジェロの《ダビデ像》正面全身の図版掲載さえ避けてほしいという要望が学校現場から届く状況のもとで、《「暗黒舞踏派提携記念公演」ポスター》を中学校美術科のポスター制作題材頁の参考資料や鑑賞資料として掲載することはあり得ない。仮に、高等学校芸術科美術の教科書であったとしても、やはり別の作品を選択するだろう。中・高の美術教室内で展開される授業については、さまざまな配慮が必要であることも事実なのである。

教科書も書籍であることに違いはないが、それだけで独立して存在するものではないということも理解しておく必要がある。すなわち、児童生徒が読み、見るだけで完結するものではない。その傍には指導者がおり、授業における学習活動の中で用いられる教材の一つが教科書である。しかし、数学や英語、社会科などの教科書と比較すると、美術の教科書を授業で頻繁に用いたという記憶がある人は少ないのではないだろうか。先述のように、教科書は広義に解釈すれば教材の一つであり、学習指導要領に示される目標や内容に沿って展開される授業で、教科書をどのように活用するかはその指導者、教員の裁量である。

たとえば、中学校数学の内容は、「A数と式」、「B図形」、「C関数」、「D資料の活用」の項目に分かれており、各項目にはいくつかの指導事項が設定されている。第一学年の場合の指導事項は合計二三事項となっている。また、「A数と式」には、「自然数　符号　絶対値　項　係数　移項　≦　≧」のような用語や記号も設定されている。数学の教科書はこれらを順次構成し、理解しやすい解説とともに、その理解を深めるための例題などで編集される。すなわち、教科書の頁順に従って学習を進める授業展開が一般的である。

それに対して美術科の場合、風景画や人物画、ポスターのような具体的な美術における表現方法などに即した指導事項は、学習指導要領に設定されていない。中学校美術科第一学年の内容の一つに示されている「感じ取ったことや考えたことなどを基に、絵や彫刻などに表現する活動を通して、発想や構想に関する次の事項を指導する。ア　対象を見つめ感じ取った形や色彩の特徴や美しさ、想像したことなどを基に主題を生み出すこと。イ　主題などを基に、全体と部分との関係などを考えて創造的な構成を工夫し、心豊かに表現する構想を練ること。」の項目を授業展開する場合、これを風景画による題材として展開するか、人物像として彫刻に表す授業とするかは担当教師の裁量である。

したがって、教科書に掲載されている各種の学習題材は、あくまでも授業事例の一つであり、美術科の教師はそのままに実践することも可能であるし、必要に応じて変化させたり、新たな題材を開発したりすることも可能なのである。中・高の美術教師の場合、美術大学や教育大学において美術の専門教育を受けている。したがって、自ら開発した題材を展開することが多く、知識内容の学習を中心とする教科よりも、教科書を授業で直接的に用いる機会は少なくなる。しかしながら、美しい教科書を傍らに、必要に応じて活用しながら図工美術の学習に取り組むすべての児童生徒にとって、図工美術の教科書は単なる教材としてあるだけではなく、美術、芸術、アートの世界への入門書としても重要である。

教科書を理解する上で、もう一つ大切なことがある。義務教育教科書無償給与制度については先ほども取り上げたが、文部科学省が全児童生徒数を把握し、需要数の教科書を買い上げるときの定価は、驚くほど安い。たとえば、中学校美術科の教科書は一冊三四四円である。現在中学校美術の教科書は、第一学年用と第二・三学年用上及び下の三冊もしくは第一学年用一冊と第二・三学年用上及び下の合本の二冊構成のどちらかであるが、第一学年用は三四四円、第二学年用上は三四五円、第三学年用下は三四四円であり、第二・三学年用上及び下を合本にした場合は六八九円である。小学校図画工作科の場合は、第一・二学年上及び下、第三・四学年用上及び下、第五・六学年用上及び下の六冊で構成されており、各学年の上が二二八円、下が二二七円となっている。無償給与制度ではないが比較のために上げておくと、高等学校芸術科美術Ⅰの教科書は一二三二円、美術Ⅱは九四一円、美術Ⅲは六四三円となっている。また、中学校で一番高価な教科書は、社会科の地図一一五四円であり、次に理科の七八〇円が続く。

中学校美術科の教科書執筆者の立場としては、三四四円は安いとしか言いようがない。これで、一〇〇頁前後のフルカラー印刷で、日常使いに耐えられる丈夫な製本をした教科書をつくり上げるのには、かなりの努力を要する。しかも近年は掲載する図版の大型化に伴い、版型もA4判やA4ノビのように大判となってきている。教科書は基本的に四年毎に改訂されるが、学習指導要領の目標や内容などは変わらなかったとしても、美術科の特性上掲載する作家の作品などはそのたびに変更せざるを得ない。無論、教科書の定番と言っていい作品もある。ピカソの《ゲルニカ》、俵屋宗達の《風神雷神図屛風》、興福寺の《阿修羅像》などはその代表格である。しかし、編集作業が約二年から二年半、検定が約半年、さらに採択期間を経て使用開始となると、教科書執筆者の編集作業開始から四年後に生徒の手に届くことになる。デザインの領域を中心として、参考作品に古さを感じる場合もあるし、編集作業中に話題になった美術作品やアニメーションが、四年後の中学生にどのように受け止められているかとの懸念もある。したがって、定番は残しつつも図版の入れ替えは必ず行うことになる。そうして、四年毎の改訂のたびに掲載する作品図版のほとんどを入れ替えることによって、その掲載料等の支払いはかなりの額となる。

教科書出版に携わる出版社が加盟する一般法人教科書協会も、教科書定価の引き上げを求めているが、実情は難しい。文部科学省の発表によると、義務教育教科書無償給与制度全体の予算額は年間四二〇億円である。公表されている教科書価格表を基に計算すると、中学一年生一人分の全教科の教科書合計は九七〇〇円になる。この金額を基にして全国の中学一年生に教科書を配布する規模を考えると、単純な値上げ論だけでは済まない要素もある。ましてや、近年の学校DX（デジタルトランスフォーメーション）の動きが加速する中で、デジタル教科書の開発も考えねばならない。すでに現行教科書の中にもQRコードで対応するデジタルコンテンツが含まれており、その制作費も増加している。

また、中学校三年間での美術科の学習を最後として、美術の授業を一生受けることがない国民が単純計算で四分の三近くいると考えるとき、美術の世界への誘いとしての最後の教科書が、三年間で合計一〇三三円であり、その金額でまとめ上げられる美術やアートの世界は安いか高いのか、判断に迷うところである。

先にも述べたように教科書は、授業の中で教師と生徒がともに用いる教材であり、よりよき授業展開を目指して編集されている。すなわち、美しい美術の教科書であることは単にデザインや印刷技術が優れているということだけではない。生徒にとって興味深く、学習意欲を引き出してくれる内容であり、鑑賞にふさわしい優れた作品図版があり、それらが美しく構成されていることが美しい美術の教科書の要件である。美術作品のよさや美しさを児童生徒が自らの感性で感じ取るには、何よりも本物と出会うことが第一であることは言うまでもない。しかし、日常的に美術作品と向き合うことはなかなか難しい。近年はどの教科書も鑑賞のための作品図版が充実している。本物との出会いを疑似体験できるような、そして鑑賞の学習をより効果的にするための工夫である。

義務教育教科書無償給与制度によって、児童生徒は配布される教科書を受け取るだけになって以降よく言われるのは、子どもたちが教科書を大事にしなくなったということである。確かに、三月末、卒業式や終業式前の大掃除のときに、自分の名前を書く欄を切り取った教科書が大量に捨てられている光景は珍しくない。また、まだ学期途中であるにもかかわらず、教科書を紛失する児童生徒も多い。二〇〇七（平成一九）年度から使用が始まった小学校の教科書、二〇〇八（平成二〇）年度からの中学校の教科書の裏表紙には「この教科書は、これからの日本を担う皆さんへの期待をこめ、税金によって無償で支給されています。大切に使いましょう。」という文言が記載されており、現在も継続されている。教科書が雑に扱われたり、捨てられたりしてしまうことは実に残念である。美術の教科書を作成している立場としては、いつまでも手元に残る教科書であるように願っている。

日本の家庭には、芸術文化に関するリソースが少ないという調査もある。生徒の学習環境を尋ねた国際調査によると、詩も含めた文学作品や美術的な作品などが家庭にあるかとの問いについての回答では、先進国の中で日本は最低ランクである。美術的な作品についての解釈にも課題があるが、文化芸術に関するリソースが他の先進国と比較して日本の家庭に少ないのは事実のようである。そのような環境の中で、美術の教科書が数少ない家庭における文化芸術リソースの一つとなることを願っている。教科書としての役目が終わった美術の教科書が、それぞれの家庭の本棚に置かれ続けてほしい。そのために、手元に残して置きたくなるような美しい美術の教科書を模索している最中である。

個性の教育

他人の個性はよくわかるが、自分の個性はなかなかわからないようである。かつて、「自分探し」ということばが流行ったことがある。「自分探しの旅に出よう」のフレーズも、観光関係だけではなく、学校教育の中でも度々目にしたり耳にしたりした。特に美術科の授業題材や題材設定の理由などに多用されてきたが、それは美術科をはじめとする芸術関係の学びが「知育・徳育・体育」の中の「徳育」に位置づけられてきた歴史的背景と、自らの思いや考えを表現するという個性に直結した学習という性質故でもある。学校教育全体としても「教育の個性化」、「個を生かした指導」、「個性の尊重」などのことばが、学校現場での重要なキーワードとして用いられてきたし、現在もその流れは続いている。

自分とは何者か、自分の個性とは何なのかは誰にとっても難問である。画家をはじめ多くの作家は生涯をかけて自分を探していると言うこともできる。そのような個性とは、教育の対象となり得るのだろうか。ただ、明らかなことは、絶海の孤島に一人で生きるロビンソン・クルーソーには個性は必要ない。人が集団として生きるが故に個性は輝きを増すのである。

「ダイバーシティ」は多様性を意味する。ダイバーシティ社会では、さまざまな場面で各自の特性や個性を生かした活動が保障されなければならない。このようなことばが行政においてもキーワードとなるということは、現在の日本社会が多様性において豊かな状況ではなく、将来において多様性が一層重要になるということ意味している。それに対して、芸術や美術の世界は、作家をはじめとする個々人の個性や特性を基盤として存在してきた。それ故に、芸術や美術はダイバーシティ社会実現の牽引役となるべきであるし、学校における美術科の学びもまた、自分と他者の「個性」や「特性」と向き合う最も先進的な教科として、その役目を自覚する必要がある。

しかしながら、ダイバーシティ社会前夜の現代は、自己喪失の時代と評した方がふさわしいとも言える。「自分とは何なのか」、「なぜ生きているのか」、このような自問に誰も答えを見つけることができず、漠然とした不安を抱えながら生きていると評してさほどの異論はないように思う。本来は多様性の中で輝く個性や特性であるはずが、複雑に高度化した現代社会の中では、個人としての存在よりも、複雑な社会機構の一部品としての能力を絶えず要求され、「私」ということばを主語にしてものを言う機会は少なくなり、「私」に自信を持つことができないという現代人の姿を見出さずにはいられない。

大人がそうであるならば、子どもたちの状況はさらに過酷である。子どもが自らに「私は誰？」と問いかけたとき、子どもを囲むあらゆる環境からその答えを見つけ出すことは難しい。また、そのような子どもの問いに対する教育という視点が不足していることも事実である。

造形活動は「自分探し」の活動だけではない。しかし、絵画であれ、デザインであれ、鑑賞であれ、そこに「私」がなければ成立しない。美術科の学びにおいて、「私」という主語で表現することによって、「私」の存在を確認する学習は重要である。美術で育むべき資質・能力があり、その目的のために美術教師は児童生徒を指導する。しかし、「自分探し」においてはよき同行者でなければならない。きっかけを提供し、絶えず見守り、児童生徒が自分にとって意味あるものに出会ったとき、その意味をともに考える存在であるべきである。

私が以前勤務していた中等教育学校は、六年一貫教育の教育実験校としての性格を持ち、さまざまな取り組みを行っていた。その一つに「卒業研究」という、特別活動に位置づけられた実践がある。これは、五年生（高校二年生）から六年生（同三年生）にかけての約一年半にわたる課題であり、各生徒が自分自身の研究テーマを設定し、教師の指導の下に研究を進めるものである。大学の卒業論文的な性格を持つと言うこともできる。このような自主課題の実践は、現在「総合的な学習の時間」や「総合的な探求の時間」などにおいて、多くの中学校や高等学校でも取り入れられている。

この「卒業研究」、略して「卒研」の場合、各教師の専門分野や得意分野と、生徒の希望を配慮して、指導教師が決定されるシステムとなっている。生徒の研究テーマは多岐多彩であり、教科という区分では対応できない。私の場合には美術分野という特殊性から、それに類するテーマを設定した生徒が多く希望することになり、勢い特別活動の位置づけながら、美術・工芸科のゼミ的な授業という形になることが多かった。

生徒はオリエンテーションの指導が終わると、一カ月に一度、担当教師のもとに出向いて、今までの研究の様子を報告するとともに、研究の方針やポイント、具体的な進め方、参考資料、まとめ方などの相談をすることになる。また、美術分野の場合は、最終的に制作ということになることもある。

毎学年三名から四名の生徒を受け持つことになるが、テーマによってはこちらもかなり勉強をし、準備を必要とする内容も多くあった。

そのような状況で担当した生徒の一人にAがいた。彼のテーマは「絵画」である。各自のテーマ設定にあたっては、その主旨と大まかな研究の進め方を生徒は用紙に書き、数名の教師に相談する義務がある。これは、そのテーマが研究としての深まりや発展性があるものかどうか、本人の意欲はどうかなどのチェックのためである。そして三名の教師から認めてもらえると、テーマが決定したということになる。

Aの場合、その時点でまず問題があった。何を研究すればよいのか、自分が何をやりたいのかわからないのである。彼はまた、あまり意志表示をしない生徒でもあった。友達は何人かいたが、それも限定されていた。教師の間では孤立しやすい生徒として知られていたが、美術の授業には関心があるらしく、高校の芸術選択では美術を受講していた。だが、授業の中でもやはり制作の意図や目的を決めることができず、時間切れになることが多かった。

「絵画」などというほとんどテーマ性や具体性のない、白紙に近い状態で私のところへ「卒研」の相談に来たとき、彼は「何もないんですよ」と言っただけであった。「絵画」という抽象的なタイトルで、兎にも角にも私の担当となった彼に対して、私は研究しなければならないという意識をしばらくなくすように指導した。先輩たちのすぐれた研究を見て、Aは今まで以上に自分自身に対する不信感を強くしていた。年齢的にも将来のプランを求められることが多くなり、心の中の空虚さは肥大化する一方であったのだろう。他教科の評価を尋ねても、学校内のさまざまな活動を見ても、確かに彼の特徴や特性と言えるものは見出せなかった。彼のことばを借りるならば、「何となくここまで生きてきた」という状況にあった。

相談を続ける中で、漠然とではあるが、ただ一つ、彼の心の中に存在しているものがあることがわかった。それは何か形あるものをつくりたいという欲求である。ただ、それがどのようなものなのかはっきりしないのである。今までの彼の経験からも、自分で体を動かして物づくりに熱中したことはなかったようだ。文化祭などで、友達との関係から共同で参加したことはあるが、結局、何か違う気がして充足感を得ることはなかったと言う。興味のあるものに出会っても長続きせず、そこからまた自分に対する不信感を募らせていた。

ここまでの相談を通して、私自身が担当した美術の授業においても、充実感や表現する喜びを、彼が見出すことができなかったことを私自身も悔いていた。Aも私も手探りの状態ではあったが、一つの方法として、流れていく彼の日常を記録することを私は提案した。方法は、「いつもコンパクトカメラを持ち歩くこと」、「ふと思いついたことばや文章があったら書き留めること」、「それを習慣化すること」である。Aは「そんなことが研究になるんですか」と、最初はいぶかったが、結果を考えずにやってみようということになった。

初めのころは、カメラを身につけておくことができなかったり、やる気が失せたりで、あまり進展は見られなかった。持ってきた彼の写真も、自宅と学校の往復でしかない彼の生活を反映して、自分の部屋や窓の外の景色がほとんどであった。文章もテレビや漫画の内容のようなものが数行書かれていた。しかし、私のところへ来て、それらをもう一度見直していたAの口から、「こんなこと考えてたのか」ということばが出てきた。すでに自分を客体化して見ることが、わずかな写真と文章によって始まっているようであった。

その後、少しずつではあるが、写真も文章も増えてきた。内容も変化し、多彩となってきた。そして、「最後は自画像でも描いてみるかな」ということばも出るようになってきた。一年半という時間はわずかである。これまで撮りためた写真と記録したことばを時系列に整理し、そのときどきの自分を考察する文章と、絵の具や鉛筆で描いた数十枚のはがき大の自画像で彼の「卒業研究」は終了した。研究とは言い難い内容でもあり、教師の合議制で行われる最終的な評価会議では、合格ラインぎりぎりとなったが、その締めくくりには「考え続けます」のことばがあった。

これは、あくまでも特別活動における指導の経緯であって、美術の授業ではない。しかし、このような「自分に対する不信」、「自分には何もないという思い」は、彼が特殊なケースではなく、子どもも大人も、誰もが抱いていると言ってよいのではないだろうか。質こそ違うが、小学生には小学生としての自己理解があり、高校生は具体的にその答えを進路という課題を前に要求される。我々大人はもしかするとそこを避けて生きているのかもしれない。現代の細分化された社会の中で、「自分探し」の難しさは増大し、その必要性は高まっている。そして、ダイバーシティ社会の実現には、他者の個性や特性を理解し受け止めることのできる市民の教育が必要であり、その根底には自らの個性や特性への理解と自信が必要である。

美術科における表現や鑑賞の教育的な意義は、時代や社会状況によって変化してきた。しかし、自己を客体化し、考察する具体的な行為として、学校教育の中での美術をはじめとする芸術関連教科科目の役割は増大するだろう。それを心理学的に「メタ認知」と呼ぶことも可能である。もう一人の自分が、自分自身を超越した場所から客観的に観察する「メタ認知」は、人としての成長に大きな影響を与える。Ａが卒業後どのような生き方をしているかは知らない。しかし、「メタ認知」を体験的に理解した経験を基に、大きく成長してくれていると信じている。

第5章 美術工芸と生活

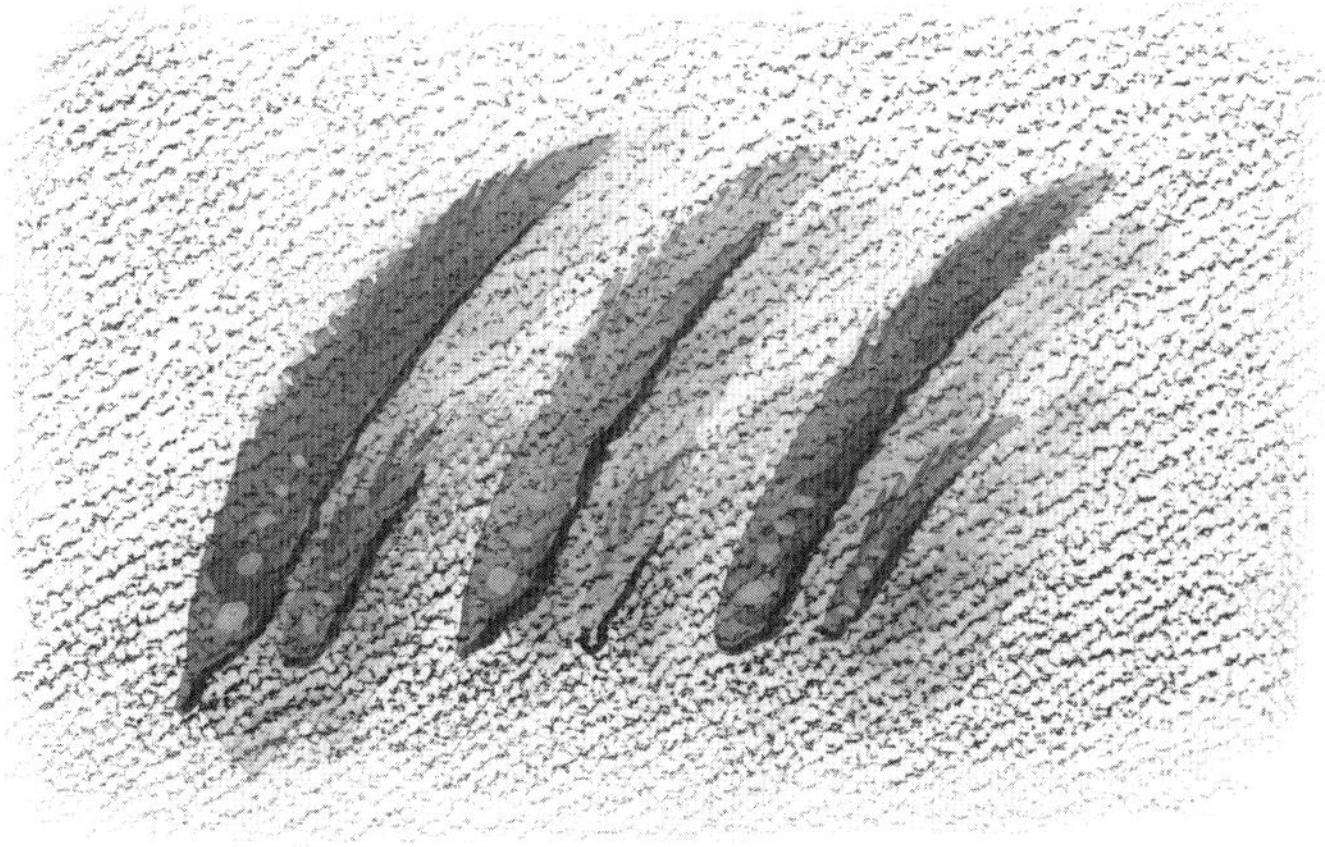

文化論としての仕事と労働

「仕事」ということばは、それが使われる状況や使う人の職業によって意味合いが違ってくる。美術や工芸の世界では、作品そのものやその人の技量や仕事ぶりなどを指すが、そのような限定的な状況だけではなく、一般的な意味での「仕事」であったとしても、それが「労働」ということばに置き換えられるとき、心の中にザラリとした違和感が残る。この違和感の出所について明快な答えを示してくれたのが、フランス人人類学者クロード・レヴィ＝ストロースの『構造・神話・労働　クロード・レヴィ＝ストロース日本講演集』（大橋保夫編、三好郁朗ほか訳、みすず書房、一九七九）である。

レヴィ＝ストロースは、日本文化を高く評価する親日家であり、国際交流基金の招きに応じて一九七七（昭和五二）年一〇月一七日から六週間日本に滞在している。その間、日本文化に接することを目的に意欲的に活動している。特に伝統文化を受け継ぐ人々との対話を望み、北陸を中心とする金沢箔《かなざわはく》の職人、輪島塗の蒔絵《まきえ》師や木地《きじ》師、そして船大工や杜氏《とうじ》、刀鍛冶《かたなかじ》、和菓子職人など多くの伝統工芸の職人たちと会い、通訳を介しながらではあるが取材をしている。そこで得た日本人の「仕事」観について、次のように説明している。

まず、西欧社会における「労働」の観念には二つの要素があるとし、一つはユダヤ＝キリスト教的な伝統では「労働」は神によって人間に課せられた「罰」であり、二つめは商業経済及び資本主義の観点からの「労働」で、これは売買可能なものであり、市場の機能を通して均質化されるとした。それに対して、わずかな日本滞在期間の調査ではあるがと前置きしながらも、前述の伝統的技術を継承する人々の「仕事」には、聖なる感情が保持されており、労働を通じて神との接触が成り立っていることを、レヴィ＝ストロースは驚きとともに解説している。そして、能の「高砂《たかさご》」を鑑賞し、労働を表す身ぶりが詩的表現となっていることは、西欧では到底考え及ばないことと語っている。

レヴィ＝ストロースの日本滞在をアシストし、滞在期間中のインタビューやシンポジウムを担当した同書の編者である大橋保夫は、レヴィ＝ストロースが指摘する西欧と日本の労働観の違いについて、「ユダヤ・キリスト教的視点からは、人間は神との接触を失ったがために、額に汗して自らのパンを稼がなければならなくなったのであって、労働とは一種の『罰』である。したがって人生の中で真に重要な部分は労働の外にあるもの、すなわち余暇であるが、日本人にはその両者の断絶がなくて、たとえば、仕事が生きがいだというのは珍しくない。」との雑談を同書に付している。また、滞在期間中のインタビュー番組において、司会を担当した大橋からの来日目的についての質問に対して、レヴィ＝ストロースはその第一に、日本の芸術における仕事の完璧さ、完成度について理解することを挙げている。そして、その基礎になっているものの考え方の一つが、日本人特有の「仕事観」であることは間違いない。

このレヴィ＝ストロースが指摘する日本人の「仕事観」と西欧における「労働観」の違いは、「聖なる感情」という意識はなくとも、彼が出会った伝統工芸や伝統的技術をもって生業とする人々だけではなく、大方の日本人の中にある心理でもあると言える。何より「お仕事」ということばはあっても、「労働」に尊敬の意を表す接頭語はつかない。そして、その日本人特有の「仕事観」が端的に表出される場の一つに「ものづくり」がある。「ものづくり」が意味する範囲は広くとも、その場にある人々の誠実さは、「労働」ではなく「仕事」故に生まれてくるものである。

レヴィ＝ストロースは日本の芸術の美しさとともに比類なきその完璧さに感嘆し、それらは日本のカメラや電子機器などに受け継がれているとしているが、ここでレヴィ＝ストロースが指摘する芸術は、主として日本の伝統工芸を指している。一九世紀後半のジャポニズムの本質も工芸にあったし、工芸大国日本と評してよい状況が明治期にはすでに存在していた。しかしながら、工芸の領域を広く捉え、「ものづくり」の視点から考えるならば、別の「工芸大国」論も可能である。すなわち、美術としての工芸をその原初的な形である「生活工芸」、すなわち生活の用具を身近な素材から生産することと考える「工芸大国」論である。

風土と美術文化の密接な関係は言うまでもないが、工芸もしくはものづくりは、一層その密度が濃い領域である。日本列島の多彩な風土は、多彩な材料を提供し、繊細な造形感覚をもった人々が多様な生活の用具を造り出し、日本文化を築いてきた。どこにどのような材料があり、どのような生活工芸が展開したのか、日本列島全体を俯瞰できるような詳細な検討をここですることはできないが、「農山漁村文化協会」が編集・刊行した『地域素材活用　生活工芸大百科』で取り上げている「植物・動物・品種名」は約七二〇品目に上る。ただし、同書は農業の振興を目的にした編集であることから、動物は羊に関することのみに限定されている。すなわち、そのほとんどが草木の類であって、これに金属や土などを加えるならば「生活工芸」の素材の豊富さは計り知れない。そして、このような「生活工芸」が次第に洗練され、精緻な技術によって優れた造形性を持つに至ったのが、今日で言うところの「伝統工芸」であり、レヴィ＝ストロースがその完璧さに驚嘆した日本の美術としての工芸である。

このような「生活工芸」を土台とする「伝統工芸」の文化はまた、世界の各地にそれぞれの風土とともに発展し、今日の文明社会を築く土台となってきたことはその歴史からも明らかである。しかしながら、西欧文化国においては、その多くが現在は存在しないことは、レヴィ＝ストロースも認めるところである。西欧の「手仕事」による「ものづくり」の不在は、その機械文明の浸透の速さと深さを物語っている。それはまた、「工芸」の原初的な形である「生活工芸」の消滅も意味している。小さな地域や個人の段階ではあったとしても、もはや「手仕事」による「ものづくり」の社会的存在意義を西欧に見出すことは難しい。我が国においては、その未来が危ぶまれる状況はあるものの、「伝統工芸」もしくは「手仕事」の文化はまだ社会に息づいていると言える。

ここで、今一つ視点を変えて、「生活工芸」の対極にあるもの、すなわち「美術品としての工芸」の象徴的なものとして、「御装束神宝《おんしょうぞくしんぽう》」を取り上げてみる。伊勢神宮の二〇年に一度の式年遷宮《しきねんせんぐう》では、新社殿を造営し、御神体の遷御《せんぎょ》がつとに有名であるが、遷宮では神に捧げられる御装束神宝もすべて新しく「調製」される。「調製」とは、受け継がれてきた仕様どおりにつくることを意味するが、毎回の式年遷宮で調製される御装束神宝は、七一四種、一五七六点にのぼる。これらの調製に必要な金工や木工、漆工、染織など技法技術は八一種に及ぶとされる。そして、それらの技術の伝承という意味も二〇年ごとの遷宮にはある。寸法や色彩をはじめとして、素材から制作方法まであらゆるものが前回の御装束神宝と全く同じに調製されることが重要であり、それを担当できる各種の匠の教育育成もまた、遷宮というシステムの一部とも言える。

一方「生活工芸」は、御装束神宝の調製を担当する専門の技術者である匠たちの仕事ではなく、ほとんどが生活の必要のために制作する一般の人々の仕事である。かつての農村や山村、漁村に普通にあった手仕事であり、ものづくりである。その技術や知識の伝承は、親から子へと引き継がれていくものであった。自身の最高の技術をもって神に捧げ、最上のものをこの世に残したいという御装束神宝を調整する匠たちの職人気質に対して、「生活工芸」の作者たちにとっては生活上の必要性こそ創作の源であり、子や孫へと伝えるべき理由であった。しかしながら、どちらも伝承という教育方法は同じであり、そこに技法書や秘伝書のようなものは少ない。口伝であったり、見て覚えたりすることが一般的な教育方法である。

口伝や見て覚える教育では、「試《ためし》」にやってみることが重要になってくる。それは親方から弟子に対して、親から子や孫に対して直接的に指示されて試みる場合と、自らの意思でなされる場合があるだろうが、どちらにしてもまずは失敗する。そして、その失敗こそが本当の理解へと繋がっていく。レヴィ＝ストロースが来日した四〇年以上前と現在を比較すれば、「伝統工芸」はまだしも「生活工芸」は明らかに我々の生活から遠ざかりつつある。それは、我々の生活そのものが変化し、多彩な素材から多様な生活の用具をつくり出す「生活工芸」の必要性の低下という現実であり、当然のこととして、その伝承も途絶えていく。それはまた、伝承を頼りに見て覚えるという学習体験の消滅であり、仕事が労働へ変わる時代にあるということでもある。

なお、この第5章は主として美術工芸をテーマとしているが、筆者が二〇一七年に著した『工芸の教育』(武蔵野美術大学出版局)の内容を本書の趣旨に沿って加筆修正し、再編したものである。

道具と手仕事思考

「肥後守《ひごのかみ》」という小さな刃物がある。形はまさしく小刀、すなわち小さな刀であり、名前も日本刀らしい風格がある。「肥後」とは熊本のことであり、「守」とは大名を指している。しかしながら、「肥後守」の登録商標は、兵庫県三木市の金物製作所のものである。名前の由来は、熊本の大名であり勇猛果敢で知られた加藤清正お抱えの刀工集団とされる「同田貫《どうだぬき》」一派の刀が、まさに実戦のための刀でよく切れるとの評判にあやかって名づけられたとする説が有力である。

この簡易型の折り畳み式ナイフである「肥後守」は、一八九四(明治二七)年もしくはその翌年あたりから、生活用具として三木市で生産され、全国に普及していった。特に戦後一九五〇年代から六〇年代はじめにかけては、男の子たちの文房具として広まった。戦後の混乱期から次第に生活も落ち着き、経済発展から国民所得が向上し始めた時期とはいえ、子どもたちは今ほどに遊具を思い通りに買い与えられる環境になく、自分でおもちゃをつくって遊んでいた。竹や木を切ってチャンバラゴッコの刀や弓矢をつくり、「パチンコ」や「糸巻き車」、「割りばしゴムピストル」、「竹とんぼ」、「水鉄砲」、「紙鉄砲」など、「肥後守」でつくる遊びに熱中した。したがって、三木市の金物製作所製ではない「肥後守」をまねた折り畳み式のナイフも多数出回った。それらの産地は不明であるが、小型の鎌や鋸がついたものや、栓抜きやフォークがついた「ハイキング」という商品名の微笑ましいものなどもあり多彩である。これらの刃物は男の子たちの憧れでもあったし、砥石で磨いた美しい刃先を保つことはプライドでもあった。

しかしながら、社会はあまりこのような刃物と子どもたちの接触を歓迎しなかった。それは、一九六〇（昭和三五）年年一〇月一二日に東京都千代田区の日比谷公会堂において、演説中の浅沼稲次郎日本社会党委員長が一七歳の少年に刺殺されたことに端を発した「こどもに刃物を持たせない運動」が始まり、「肥後守」はその槍玉となったのである。当時の新聞記事を探してみると、青少年の健全育成や非行防止活動を展開した「東京母の会連合会」は、「こどもたちの身の回り品をよく気をつけ、刃物を持たせないようにする。」、「刃物の所持をあこがれさせるような映画、テレビ、出版物の自粛を呼びかける。」を掲げ、教育界にも積極的に働きかけていった。

さらに、「刃物」が学校の中で排除されるきっかけとなる事件が起きる。それは、一九九八（平成一〇）年一月二八日黒磯市（現那須塩原市）で発生した中学校内での生徒による教師刺殺事件である。授業に遅刻したことをとがめられた当時一三歳の少年が当時流行していた軍用ナイフの一つであるバタフライナイフで教師を刺殺し、大きな社会的関心を集めた。この事件によって、バタフライナイフなど殺傷能力の高い鋭利な刃物類が有害玩具として販売に規制がかかるとともに、全国の教育委員会は学校内における教材としての刃物の保管、管理状況の調査を行った。さらに、刃物を用いる授業の再検討や、十分な管理体制を報告するよう求めたのである。それまで図画工作や美術、工芸の授業で、児童生徒各自に管理を任せていた個人の持物としての刃物については、学校内に持ち込むことを禁止し、必要に応じて学校で用意するように、多くの教育委員会が指示を出している。ここにきて、子どもたちの筆箱の中から刃物は完全に姿を消したのである。

しかしながら、今も積極的に「肥後守」を教育に生かしている学校もある。長野県北安曇郡池田町の町立会染《あいそめ》小学校の一年生は、入学式の場で校長先生から、産地の三木市で「肥後守」の登録商標を持つ「永尾かね駒製作所」製で学校名が入った「肥後守」を与えられるのである。そして、上級生のサポートを受けながら「肥後守」で上手に鉛筆を削る技術を身につけ、学校目標の一つである「まなび名人」を目指すのである。この取り組みは、一九八三（昭和五八）年から始まり、「肥後守」の費用はＰＴＡ活動の収益金によって賄われている。これまで、人を傷つけるような事故は皆無とのことである。

もう一つ、刃物を積極的に扱った事例として、現代美術社発行の一九八六（昭和六一）年度用の小学校六年生図画工作科教科書『子どもの美術６』に掲載された「くぎでナイフを作る」という題材が挙げられる。そこには次のような文章が示されている。

「人間は道具を作る動物だ」といわれるが、道具の一つであるナイフで、えんぴつをけずれない人が多い。これは、けずり機があるからナイフでなくてもよい、という考えからだろうが、物を作れない手になってしまっているともいえる。こんな手をした人間はこまる。

くぎでナイフを作ろう。くぎは鉄だから、高温で熱してたたくと、平らになる。また、形ができたら刃《は》をつけよう。刃《は》は、やすりやと石でといでつける。とぎ方も覚えよう。

「くぎナイフ」の実物の写真も掲載したこの教科書を使用した学校は少なかったが、子どもたちから刃物が遠ざけられていく時代にあって、そのことの課題や意味を意欲的に考えた題材と言えるだろう。日常生活において刃物を使う場面は、台所ぐらいしかなくなってきている。そのような環境で、刃物を扱う技能のみに焦点を当てるならば、確かに不要なのかもしれない。しかしながら、「肥後守」をポケットに入れて持ち歩いていた少年たちにとって、上手に使えるようになることは自分の責任であり、安全も自分の責任であったし、何より自らの手を使い、体を使い年長者の経験や知恵を自ら学ぼうとしていた。それは、学ばなければ失敗するし、怪我もするという、絶対的な必要があったからである。学びの姿勢は必要性に始まり、できたという実感的な喜びが育てるのである。このような変化を考えるならば、「肥後守」を持ち歩いていた小学生や中学生に対する工作や工芸の授業と、刃物を使うことがすでに非日常となった小学生や中学生に対する授業では、自ずと教材や指導方法に変化が生じてくる。

現に、高等学校芸術科工芸の教員免許取得を目指す美術大学の学生に、片刃と両刃の違いを尋ねても正答できる者は少数である。中には、「切り出し」さえ手にしたことのない学生もいる。小学校図画工作科の「現行学習指導要領」には、材料や用具について次のような配慮事項の記述がある。

材料や用具については、次のとおり取り扱うこととし、必要に応じて、当該学年より前の学年において初歩的な形で取り上げたり、その後の学年で繰り返し取り上げたりすること。

ア 第1学年及び第2学年においては、土、粘土、木、紙、クレヨン、パス、はさみ、のり、簡単な小刀類など身近で扱いやすいものを用いること。

イ 第3学年及び第4学年においては、木切れ、板材、釘、水彩絵の具、小刀、使いやすいのこぎり、金づちなどを用いること。

ウ 第5学年及び第6学年においては、針金、糸のこぎりなどを用いること。

このような配慮事項は、中学及び高等学校の「現行学習指導要領」にはないが、「切り出し」さえ手にしたことのない学生たちに、小学校図画工作科の授業経験を尋ねても、はさみ以外の刃物を用いる授業はなかったとの返事が圧倒的に多い。ものをつくる学びや経験の縮小は、道具との関係性が希薄になることでもある。それはまた、第二の脳と言われる手から生まれる「手仕事思考」とも言うべき人間の創造性の弱体化でもある。

新神戸駅を降りると目の前に、竹中大工道具館がある。ここに、労働科学研究所が一九四三（昭和一八）年に実施した大工道具の調査研究「わが国大工の工作技術に関する研究」に関する資料が展示されている。これは当時、東京大田区に在住する大工所有の道具についての調査であるが、本格的な木造建築をつくるのに必要な道具（標準編成第一形式）では、一七九点、比較的安価な建物の建築に必要な最低限の道具（第二形式）でも、七二点であったと報告されている。その第一形式一七九点すべてを展示した竹中大工道具館のギャラリーはまさに壮観であり、そして美しい。

また、これらの道具を使いこなす大工の職能の高度さに感嘆する。大工たちはこれらの中から次の日に必要な道具を選び、手入れをし、道具箱に入れて仕事場に向かったのである。すなわち、明日の仕事や工程に必要な道具を選び準備をすることも重要な職能であった。仕事全体を把握し、工程の内容から導き出される各種道具の必要性を見通すことができなければ、一つ一つの道具の扱いに長けていても、本当に道具を使いこなすことにはならないのである。

大工の仕事と木工芸は同じ木材を素材としながらも、その目的には当然のことながら相当な開きがある。部分的には共通する道具もあるが、人の営みそのものを包含する建物を対象とするだけに、一人の職人が扱う道具としては、他の職種のものと比較してみると、大工道具は圧倒的に多種多様である。前述の調査は、戦前における我が国の建築物の多くが木造であった時代の大工職人の状況であるが、一九八五（昭和六〇）年にやはり大田区で同様の調査が行われている。一九四三年の調査とデータの取り方に違いはあるものの、一九八五年の調査では、一般的によく使う道具は二〇種、たまに使う道具は五九種であったと報告されている。この変化について、電動工具の進歩や建築方法の変化などの理由が考えられると竹中大工道具館は分析している。しかし、見方を変えれば道具が消滅したのではなく、それは、その道具を駆使する技術が消滅したのである。必要性から生まれる道具と道具を使う技術は、また必要性がなくなれば消えていく定めも持つ。また、そうして消えた道具や技術を復活させるのは難しい。

奈良の宮大工で、薬師寺金堂と西塔再建で有名な西岡常一は、「槍鉋《やりがんな》」を復活させたことでも知られている。古代建築の柱などを触ると微妙な凹凸が感じられるが、これらは「槍鉋」によって表面を加工されたものである。槍先の形をした刃物を押したり引いたりして使うが、室町時代から「台鉋」が使われるようになり、「槍鉋」は忘れられた道具となっていた。西岡は古代建築の再建にあたってこれを復活させたのである。西岡は正倉院にあった小型の「槍鉋」を参考に、刀鍛冶に依頼し法隆寺の古釘を材料に使ってその刃先を再現させた。

また、使い方について「どうやって使うかいいましたら、腰のところでためて、前にも押すし、手前にもひく。微妙なもんやけど、使うことだけやったら、そんなにむずかしいことない。再現するまでのほうがたいへんやったな」と述べている。西岡らしく、使うことは難しくないとすんなり語っているが、その姿勢や道具との一体感など、身体感覚なくして道具はその役割を果たすことはできない。また、西岡は「わしらにとって、道具は自分の肉体の先端や」とも語っている。すなわち道具と素材と体の関係を技とするならば、美しい形をした道具は残っても、それを自身の一部と感じ取り使いこなす技の伝承は、人から人へと繋がなければ、伝承されない。前出の調査研究「わが国大工の工作技術に関する研究」でも、道具の綿密な調査、分析、記録とともに、その使い方、姿勢について写真を添付しながら、多くの頁を割いている。

子どもたちや学生たちの道具を使った造形体験の減少に対して、近年は「Do it yourself」のことばに代表されるように、日曜大工や手工芸を楽しむ人々も増えている。そして、手軽に扱うことのできる電動工作機械や材料が整えられたセット商品も、多様に販売されている。それらの付属品として重要なのが「マニュアル」もしくは「取扱い説明書」である。まず安全についての事細かい説明から始まり、微に入り細にわたりの注意とともに、場合によっては丁寧な図解が示されている。確かに、初めて扱う工具の使い始めとしては、やはりこれらがないと不安である。しかし、読んで理解し予想したことと、実際にその工具を用いた感覚が大きく違うという経験も多い。道具とは、解説書を読んだから、使い方を聞いたから使いこなせるというものではない。道具を素材に合わせて使いこなす技は、実際に活用され用いられ、蓄積されて初めて成立するものである。

また、大工道具の研究で知られる村松貞次郎は、その著『道具と手仕事』（岩波書店、一九九七／復刊二〇一四）の中で「道具は買ってきて使うものではない、自分でつくるものだ」とのことばを紹介している。さらに、「道具は工人の〝自分の道具〟さらに言えば〝自分だけの道具〟にならねばならぬ。そうしてはじめて仕事が、〝自分の仕事〟になる。」としている。道具を用いる方法は、ことばによってまたはことばで書かれた解説書や教科書によって、知識として理解することはできる。しかし、方法を理解したそれだけで道具を十分に使いこなすことはできない。道具を自身の身体感覚を用いて使うことで、方法という知識は技に変化する。「現行学習指導要領」で言うならば、「技能」ということになる。そして使い込み、蓄積されることで自分の技となり、自分の道具となる。村松が紹介する名人の道具にはどれも個性がある。使いこまれ、蓄積される中で、誰もが知っている知識が、自分だけの技となった証である。マニュアルから学ぶ知識も確かに必要である。しかしそれは使える技ではない。美術のみならず工作や工芸の学びが、多くの児童生徒にとって必要な理由の一つがここにある。本当の学びとは、知識を活用して生まれる技能の育成のことである。

電動式の工作機械や工具類は、その使用目的が限定的である場合が多い。各工程に適切な道具を用いることは大切な技能の一つであるが、一つの道具に多様な使い方を見出すことも、大切な学びであり、技能である。小学校図画工作教室、中学校美術教室、高等学校美術室・工芸教室の環境整備を考えるとき、一般的な学校の予算では十分な道具を買い揃えることは難しい。むしろ、道具の不足をどのように補うかの工夫が、指導者としての日常的な仕事とも言える。そのような限られた予算の中で揃えるのは、なるべく単純な道具がよい。単純な道具ほど多様な使い道がある。すなわち、児童生徒が道具の一般的な使い方や方法を工夫し、自分なりの使い方、技能を工夫するという本当の学びの機会を多く提供してくれる。

刃物と言えばカッターナイフしか使ったことがなく、刃物を研ぐという発想さえ脆弱なデザイナーやクリエイターに、「アート思考」、「デザイン思考」がこれからは重要ですと言われても、どこか危うさを感じてしまう。それに比して、人類の長い歴史を繋いできた「手仕事思考」のことばには、足が地につくような安心感がある。

忘れられる造形

人はその歴史のはじまりから、自らの生活の場で用いる道具を、自らの手でつくり出してきた。骨董市などを覗けば、人間の歴史はまさにものづくり、道具づくりの歴史であることを実感する。このような人とともにある造形を美術工芸とするならば、美術が苦手であるなしにかかわらず、そこにはすべての人にとって必要な学びも存在する。近代以降の産業革命、エネルギー革命におけるプロダクトデザインの世界も、その源をたどれば、昔の素朴な生活の中に生きる人と道具の関わりにたどり着く。しかし、現代の便利な道具を使い生きる我々と、中世や近世の人々を比較するとき、道具を扱う身体的能力には大きな差がある。

具体的な例として、火をつけることを取り上げてみる。すなわち、スイッチを押す指先一つで火をつけることのできる現代人と、火打石《ひうちいし》や火打金《がね》で火をつけていた江戸の人々の身体的能力の違いである。火打金と火打石による着火の手順は、まず利き手に火打金を持ち、反対に火口《ほくち》を添えた火打石を持ち、火打金を火打石に打ちつける。火口とは古着などの繊維をほぐしたもので、飛び散る火花を受け止めて発火する。火花が火口に触れくすぶり出したら、経木《きょうぎ》の先に硫黄がついているつけ木に火を移す。それをろうそくや灯明に移したり、木くずとともに火を大きくして煮炊きに用いたりしていた。また、室内ではこれらの火つけ道具一式を収めた箱があり、その箱に入った火口の上で火花を散らすこともあった。

ここでは、手先の感覚とその日の風や湿度を見極める感覚、火打石の角を見極め、火打金を打ちつける運動能力などさまざまな身体性が要求される。これに対して、現代の我々は電気であれガスであれ、灯りであれ煮炊きであれ、指先一つでこと足りている。また、これが日々の暮らしの中で毎日発揮される能力であるだけに、その差は一段と大きくなる。二〇〇〇年前後に流行語ともなった「分数ができない大学生」も大きな問題だか、「マッチで火をつけたことのない大学生」はもっと深刻であると考えている。

身体性の弱体化が、現代の生活環境の中で、急激に進行しているのは間違いがない。その影響が深刻なのは、身体性による学びが、その活動や行為の中から知識や技能を身につけるだけではなく、感情や意思を伴うところにあるからである。人の感情や意志を伴う活動はまた、文化を生み出す大地でもある。素晴らしい自然は、単にそのものだけでは自然のままであり文化とはならない。人がその素晴らしい自然と関わり、さまざまな感情を抱き、さまざまな思考が生まれ、活動する中で文化が熟成される。そして文化は伝えられ、変化し成長していく。その文化の伝承と発展の多くは身体性を通して行われる。

　現代の生活の中で、忘れられようとする身体性を伴う造形の一つとして、熨斗袋《のしぶくろ》を取り上げてみよう。熨斗袋は祝い事に際して、金銭を贈るときに用いるものであるが、その水引《みずひき》の結び方によって用いられ方に違いがある。「結びきり」や「あわじ結び」は一度結んだらほどけないということから、結婚などの一度きりの祝い事に用い、「蝶結び（花結び）」は何度も結んでほどけるということから、周年の祝いのような何度も繰りかえされる祝い事に用いる。また、熨斗はもともと神饌《しんせん》として捧げられてきた「熨斗あわび」であり、それはあわびを薄くそぎ、長く押し伸ばして乾燥させたものである。やがて、長寿を願う縁起物として贈答品に添えられるようになり、その形に紙を折ってつくったものが、祝いの気持ちを表す飾りとしてつけられたり、印刷されたりするようになったのである。

　現代の我々はこれを「金銭を入れる飾りのついた封筒」程度の感覚で、文房具店などで購入して用いている。しかしながら本来は、自らが熨斗袋を折り、水引を結んでつくることに意味があった。祝いの気持ちはその折り、結ぶ行為の中に込められ、表現されていたのである。たとえば、結婚の祝いであるならば、奉書紙や檀紙のようなコシのあるしっかりとした紙を折り、奇数の紅白の水引をまわして、「あわじ結び」や「結びきり」でしっかりと結ぶ。そして、黄色の紙を紅白の紙で包むようにして熨斗を折り、取りつける。場合によっては、水引をきつく結んで、少し奉書紙の角が曲がるようにすることもある。それは、それほど固い結婚の契りを祝う気持ちの表現でもある。また、受け取る方もその折り方や結び方から、敏感に送り主の気持ちを感じ取ることができたのである。もともと紙を折る行為は、神への祈りと通じていた。すなわち、祝い金がまずあるのではなく、この一連の作業を通して込められた気持ちに添える祝い金なのである。

現代の我々は便利さを手に入れたが、その代わりに自らが体験的に学び、身につけるべきたくさんのことをその陰で忘れてきたのではないだろうか。文房具店で売られている色とりどりにデザインされた熨斗袋は、一見華やかである。しかし、明治期の図工美術の教師であった木内菊次郎が『折紙と図画』（実業之日本社、一九〇八）に掲載している熨斗や包の折り方を見るにつけ、ものをつくることが生活の一部にしっかりと根づいていた時代の豊かさと比較するならば、どこか軽薄さが感じられてならない。身体性を忘れ、ものをつくることよりも消費することで成立している生活から感じる軽薄さは、同時に人の感情や気持ちが希薄な生活を表しているとも言えないだろうか。

機能美と用の美

私は、「ＡＳＩＭＯ（アシモ）」や「ａｉｂｏ（アイボ）」をはじめ、「アンドロイド（人造人間）」などと言われるロボットの類があまり好きではない。人間らしく、犬らしく動く姿を見ても、そこに命あるもの同士としての共感はないと感じる。断っておくが、私はロボット工学を否定しているのではない。このような研究が人類にある種の利益をもたらす可能性があることは理解しているし、その研究には敬意を持って期待している。しかし、現在の自立型コンピュータ制御装置である人間型、動物型ロボットはどうしても好きになれないのである。それらがより生きものらしく動けば動くほど嫌悪感さえ抱いてしまう。

このような感情を考える上で示唆を与えてくれたのは、霊長類学者、山極壽一のゴリラの行動観察を基にした指摘である。山極は、人間の共感力や相手の心理を認知する能力は、ことばの発達以前から人間に備わっていたのではないかと言う。メタライジングとも言われるこの共感力や認知力が、人間としての根幹を成す能力の一つであるとするならば、その能力を発揮することのできない相手は不安なものでしかない。ましてや人型をして人らしい機能を持つ「アンドロイド」は、共感も理解もできない危険な存在とさえ感じられてもおかしくはない。確かに、私のこの感情は、ロボットの仕組みや構造に関する知識から生まれているものではない。それらを見て、そばに立ち、触って感じる感覚が生み出すものである。

しかし、私とは全く逆に人間型ロボットや動物型ロボットに親しみを感じる人もいる。現に「ａｉｂｏ」を老人介護における精神的ケアに用いようとする活動もあるし、人は人間型ロボットに恋愛感情を持てるか研究する学者もいる。さらに、その人間型ロボットに近年急激に能力を向上させ、人間の能力を越えたとさえ評されるＡＩ（人工知能）が組み込まれたとき、人はほぼ人間同士に近い感情や精神の交流ができるようになるのかもしれない。ただ私は、現在のロボットコンシェルジェなるものがいる（ある）ホテルなどのカウンターでは目を背けてしまうし、そもそものような施設は利用したくない。

一方、かつて自動車製造工場のラインで見た各種の産業ロボットについては、違う思いを抱いている。その優れた機能を生み出すためのフォルムは、人間とは似ても似つかない姿であり、なおかつ美しかった。確かに自立型の人間型ロボットと産業ロボットでは、その設計思想は全く異なっている。産業ロボットはロボットティーチングと呼ばれるあらかじめ設定されたプログラムを正確に実行するための機械であり、自分で考え自分で歩行する人間型ロボットと同列に置くことはできない。しかし見ていて飽きないのは、産業ロボットの洗練された無駄のない動きとそのフォルムの方である。以来、機能とは人を惹きつける魅力を持つ、ある種の美ではないかと考えるようになってきた。そして、現在の人間型ロボットや動物型ロボットの人に媚びるような動きや可愛らしさと比較して、感情の入り込む余地がないほど高度に洗練された機能を持つ産業ロボットに、現代における「機能美」の典型を見る思いがするのである。

数年前に、黒楽《くろらく》の銘碗を手にする機会があった。ずしりと重い黒楽を手元において眺めたとき、その内にある空間の広がりは無限であり宇宙であった。今に伝わる数々の銘碗の美の根源は、やはり「大海を包むが如し」と評されるその内側の空間、すなわち茶をたてて飲むという「用」を生み出すための空間を有するフォルムにある。「楽茶碗」は民芸とは言えないが、これを柳宗悦が言う「用の美」と隣接するところにあると言うことはできる。これに対して、前述の産業ロボットの「機能美」とこの「用の美」はどのような関係にあると考えられるだろうか。

「機能美」と「用の美」を考えるとき、もう一つの視点として「暗黙知」と「形式知」が関わってくると考えられる。大まかに言うならば、「暗黙知」とはことばで明確に表現することが難しい直観知、身体知、体得知などを意味し、技能的なものも含まれる。それに対して「形式知」とは、ことばや図などで明示的に表現できるもの及び記述できる知識を言う。また、領域によっては前者を「経験知」、後者を「情報知」もしくは「理論知」として説明する場合もある。そして、学校教育の多くは「形式知」によって成り立っている。ほとんどの教科科目は記述可能な知識を内容とし、それらの形式知を総括する教科書によって授業は実践されている。その学校教育の中で、少数ではあるが「暗黙知」に重きを置く教科が芸術系の教科科目であると言えるだろう。

現在の学校教育は、ことばの教育をその中心に置いている。すなわち、「暗黙知」も「形式知」に置き換えることで教育は展開されている。しかし、実技を中心とする教科の中でも美術、工芸における「暗黙知」は複雑である。「体験を通して学ぶこと」、「見て学ぶ姿勢」は、「暗黙知」を「暗黙知」のまま理解することを目指すものである。しかしながら、「暗黙知」にしても「形式知」にしてもそれらが脳の中でどのように処理され、最終的に育てるべき重要な能力の一つである「創造力」は脳のどこに存在するのかはまだ不明である。

また、美術工芸の造形活動による教育は、「暗黙知」を中心とするだけにわかりにくく、わかりにくいだけに学校教育の中心に位置づけられることは少ないという現実がある。また、美術を苦手とする人の苦手な理由の多くも、そのわかりにくさにある。しかし、現在急激に進行しつつあるさまざまな脳の働きを観察できる機器を使った大脳生理学や認知心理学からの検証は、脳の働きにおける造形活動の価値を大きく変化させる可能性もある。さらに人工知能が人間の能力を超すということが現実味を増すにつれ、「暗黙知」を中心とする教育の意味も再評価されつつある。

前述の「機能美」と「用の美」を考えるとき、この「形式知」と「暗黙知」の両立が重要になってくる。コンピュータ制御で動くアンドロイドは、すべてが「形式知」によって構成される複雑な機構の上に成立している。私にとって不気味に見えるアンドロイドの表情も、「形式知」として処理された結果である。また、自動車製造工場の産業ロボットも同様に「形式知」の産物である。しかし、この二つを比較して好き嫌いを述べている自身の思考には、「形式知」よりも「暗黙知」が大きく関わっていると言える。すなわち、その価値判断の主体は、黒楽茶碗を手にしたときと同じように、経験を主にした「暗黙知」によるところが大きい。したがって、「暗黙知」を中心とする思考ならば、かなり遠い位置にあると思える「機能美」と「用の美」は無理なく同居できるのである。

さまざまなメカニカルなものに対して美しさを感じる人、たとえば、時計の微細で複雑な構造に興味関心が強く、この歯車のこのカーブが美しいとか、このアームのこの動きに感嘆するなどと言う人たちも多い。その人たちがもともとメカニカルな技術者である場合もあるが、自身が何かの機械を工作したりすることはなくとも、その美しさに対する感性が敏感な人たちもいる。それは、メカニカルなものが生み出す「機能美」と言うよりも、メカニカルな造形と機能的な動きに「機能美」を見出すことに優れた人たちと言うことができる。すなわち、「機能美」にしても「用の美」にしても、機能するとか道具としての用を果たすところに、人々は美しさを自ら見出すのである。産業ロボットや黒楽茶碗が美しいのではなく、人がそれらから美しさを発見しているのである。したがって、「暗黙知」としての美しさは、自らの主体的な意思として感取すべきものである。

宇宙ロケットの開発に携わる人が「美しいロケットに仕上がりました」とコメントする場面をニュース番組で見たことがある。残念ながら、そのロケットの打ち上げは失敗に終わったのだが、その結果を受けてもなお、その担当者は「美しいロケット」と表現するのだろうか。おそらくそのロケット開発者の「美しいロケット」は、「優れた機能を持ったロケット」という意味に近い。したがって、十分にその機能を発揮できなかったロケットは、もはや美しいとは表現されない。つまりこの「美しいロケット」は「形式知」を「暗黙知」として判断していることになる。

人とのコミュニケーション機能を持つロボットに「かわいい」という美意識や感情を持つ人たちの思考も同様である。その人たちは、そのロボットのデザインも、さまざまなデータを基に構成され、制作者グループの「形式知」によってつくられているという理解は希薄である。また、その内部に複雑なメカを内蔵していることはある程度わかっていても、通常使用する場合はあまり意識されていない。しかし、人懐っこさを演出する「機能美」を「暗黙知」として理解し、かわいらしいと感じる感覚を楽しんでいると言える。

前述のように学校教育の多くは「形式知」によって構成されている。しかし、ＩＣＴ（情報通信技術）の発展やテクノロジーの進歩を考えるとき、それらの「形式知」の普及のみでは、人々を真に幸福にする社会とはなり得ないと考える。テクノロジーがもたらす機能を「機能美」として捉えることのできる「暗黙知」の豊かさがさらに必要になる。「暗黙知」である直観知や身体知、体得知などは、好きや嫌いなどの感情や意思とも強く結びつく。これまでの「用の美」に加えて「機能美」も日常的なものとなるとき、「暗黙知」の教育の必要性も一層高まることになる。

第6章 ― 文化の継承と創造

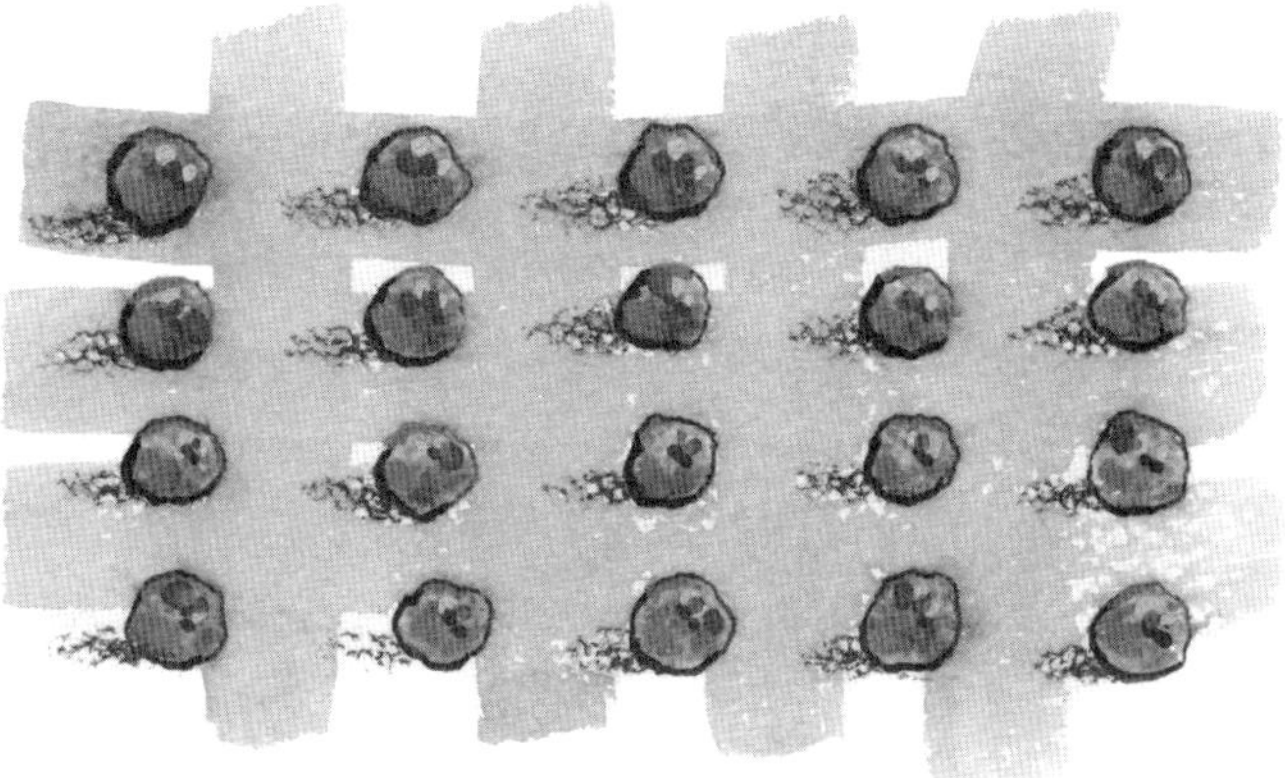

世界は形と色でできている

「世界は形と色でできている」とここで私が持論を展開しても、はたしてどの程度の人が賛同してくれるかは不明である。ましてや美術が苦手な人にとっては、怒りに近い反感しかないかもしれない。宇宙が拡大しているように、美術の世界もまた拡大している。そして、拡大しているその先端に線引きをし、全体像を捉えることは難しい。それは宇宙の果てがどこにあるのかを探すようなものであり、研究としての意味はあっても、日常を生きる我々にとっては、遠く無縁な話である。ましてや、形と色で世界ができているとの考えは、さらに無意味であるかもしれない。

しかし、教育という光をその宇宙に当ててみると、豊かで多様な造形活動の存在に気づくとともに、それらが我々にとって身近であるだけでなく、生きる上で必要不可欠なものであることに気づく。ただ、現在の美術教育が対象とする造形美術は、宇宙と表現するにはいささか偏狭であるように思える。特に中等教育後期や高等教育段階、社会教育などにおける一般教養、リベラルアーツ的な美術教育では、歴史としての重みを重視するあまり、かえって造形美術の豊かさや多様さ、柔軟さ、拡張性、そして現代における必要性を見失っているのではないだろうか。

人間の営みの一つとして、色や形を読み取り操作する能力を造形能力と定義するならば、人と社会にとって造形能力の重要度は増大していると言える。たとえば、日常にあふれる映像や画像がもたらす情報は、ことばで記述され論じられたものよりもはるかに大きな影響力を持っている。さらに、脳内イメージが一般的な思考パターンにおいて重要な役目を担っていることも明らかにされつつある。最近の脳科学の研究では、目で見る視覚と脳内でイメージを描く想像は、脳の後頭葉にある第一次視覚野を中心にして、ほぼ同じような場所を使っていることがわかってきている。しかし、視覚と比較すると、脳内イメージの方が他の領域に拡散していく傾向があるらしく、より人の意思や感情などと結びつきやすいと考えられている。いずれにせよ、そこに見えるのは形と色で構成されたイメージであり、造形である。

近年は、誰でも容易く画像を生成することが可能になった。先ほどの脳内イメージの生成システムに近い能力を持つ画像生成ＡＩ（人工知能）の出現は、いとも簡単にフェイク画像を制作することを可能にした。悪意のある制作者が、ある意図をもって作成したフェイク画像がネットによって流布し、混乱をもたらす事例は後を絶たない。すでに、専門家の分析をまたなければ、事実かフェイクかの見分けがつかない状況の中で、人々は何の防御策もなく、ことばによる騙しよりも簡単に悪意のある画像に騙されてしまう。その背景には、目で見えるものすなわち形と色で成立するものは真実であるとの思い込みがある。これからますます大きな影響を与えることになる画像情報に対応するためには、画像をも含めた造形に関する意識と感覚を高めていく必要があるが、その時重要なポイントは、画像や造形を自ら積極的に読み取ろうとする意思である。

これまでは、ネットに流れる画像だけでなく、ＴＶや映画、多種多様なパフォーマンス、そして美術作品の鑑賞なども含めて、見るという活動は、概ね受動的な要素が多いものとして理解されてきた。視覚を通して受け止め、脳内に生成したイメージを分析理解し、それをさまざまな思考に展開し、必要に応じて記憶をする。そのような受動的要素の強い「見る」という活動では、見たものはすべて真実であるとの思い込みによって処理されやすく、そこにフェイクとしての疑いは成立しにくい。

さまざまな画像情報がさらに溢れるこれからの社会において、それらが真実か否かを見極める能力を高めながら生きていくために必要な教育を考えるとき、必要なのは画像や造形に関する知識ではない。そこから真意を読み取ろうとする自らの意思であり、姿勢こそが重要になってくる。「世界は形と色でできている」との認識は、それぞれの考えや意思をもって世界を捉えようという意味でもある。

個人の意思を基本にして成立する社会と、そうではない社会のイメージを説明するときに、いささか唐突であるが、菓子折になぞらえて説明をしてきた。頻繁には大学の講義であるが、個人の意思によって成立する社会を「名品詰め合わせ型社会」、そうではない社会を「温泉饅頭型社会」として次のように講義を進めてきた。

まず、温泉饅頭はどこの温泉場に行ってもほぼ同じ大きさで、お土産に持って帰りやすいように、一個ごとに仕切られた箱に収まっている。仕切られた小部屋にきっちりと合う大きさの温泉饅頭が整列しているのは、お土産として持ち帰るには好都合である。旅行バッグの中で、その箱を斜めにしようが縦にしようが饅頭にさほどの影響はない。各個人が割り当てられた役目をきっちりと果たせるように、まさに仕切られた枠の中にぴったりと合うように教育され、その役目を果たすことで構築される社会は、効率もよく強さも備えている。

この整然とした温泉饅頭に対して、一度、北海道の有名菓子店で私が実際に購入した数種類の菓子の詰め合わせは違っていた。持ち帰り方が雑だったこともあり、さまざまな形や大きさをした数種類の菓子は箱の中で暴れたらしく、そのうちのいくつかは見るも無残に形がゆがんでいた。そこには、混乱や衝突があったことは間違いない。もし、それらの菓子に思考があるならば、自分たちが詰め合わせられた箱、すなわち社会がどのような位置や状況になっているのかは容易く理解できるだろう。他者との接触や衝突のない仕切りによって構築された「温泉饅頭型社会」と「名品詰め合わせ型社会」の違いは、自分とは異なる背景や特性、意思を持った多様な他者の存在である。その存在を前提にするが故に、「名品詰め合わせ型社会」では、仕切りのない箱の中で片隅に偏ったり、衝突したりすることがない箱の運び方、すなわち理想的な社会の在り方を望み、考えることができるのではないだろうか。混乱は少なく一見強固ではあるが、仕切りの中で孤立する「温泉饅頭型社会」の住人には、自らの社会がどこに向かうのかを理解することは難しい。これを、戦争へと一直線に進んだ戦前の日本社会のイメージと重ねるにはいささか無理があるだろうか。

しかし、さまざまな画像や造形によって拡大する世界の中で、これまで受動的行為として世界を見つめてきた我々に求められているのは、自らの意思によって主体的に世界を見つめ、場合によっては賛同し、批評し、評価をすることである。しかしその教育は、戦後およそ八〇年を経過してもまだ十分とは言えない。むしろ、造形に向かう意思は後退している観さえある。

近年、「名品詰め合わせ型社会」と「温泉饅頭型社会」を扱った講義後の学生の感想文の中に、個々の意思を基にした教育や社会の重要性は理解できるが、自分は「温泉饅頭型社会」の中で生きていきたいとする内容が散見されるようになってきた。他者との混乱や衝突よりも、自分の枠の中で静謐に生きることを望む学生が、少数ではあるが、存在することもまた現実である。それでも、私はやはり自らの特性を信じ、自らの意思で世界を見つめ、他者との混乱や衝突を乗り越えながらも、造形に関する意識と感覚を高めていくことが求められる時代にあることを語り続けたいと思う。そして、これこそが誰もが自分の顔で生きることのできる社会を目指す方法でもあると考えている。我々の周りにあるすべての造形されたもの、形と色には、誰かの意思が存在する。それらを自らの意思で読み取るということが「世界は形と色でできている」を掲げる意味である。

文化を受け継ぐ、創造する

「文化」のことばの意味が広がっている。書籍や博物館で出会う「歴史的文化」や、テレビなどから絶え間なく流される現代の「流行文化」があり、そして「○○文化」ということばでさまざまな現象が簡単に括られている。さらに、地域の文化を掘り起こし、活性化へ繋げようとする動きも活発である。美術という領域自体は、社会的には文化の中核的一領域として捉えられることが一般的であるが、社会全体を俯瞰するならば、美術だけに限らず音楽を得意とする人もたくさんいるし、文学愛好者も多い。その他映画や演劇など、文化ということばが内包する領域は多種多様である。

では、そもそも文化とは何かを考えるとき、二〇一七（平成二九）年に改正公布された「文化芸術振興基本法」の前文を読んでみると、その文頭は次の文章で始まる。

文化芸術を創造し、享受し、文化的な環境の中で生きる喜びを見出すことは、人々の変わらない願いである。また、文化芸術は、人々の創造性をはぐくみ、その表現力を高めるとともに、人々の心のつながりや相互に理解し尊重し合う土壌を提供し、多様性を受け入れることができる心豊かな社会を形成するものであり、世界の平和に寄与するものである。更に、文化芸術は、それ自体が固有の意義と価値を有するとともに、それぞれの国やそれぞれの時代における国民共通のよりどころとして重要な意味を持ち、国際化が進展する中にあって、自己認識の基点となり、文化的な伝統を尊重する心を育てるものである。

また、現行の「中学校学習指導要領解説美術編」では、中学校美術科の目標中の「美術文化についての理解を深め」について「美術においては、古くからの美術作品や生活の中の様々な用具や造形などが具体的な形として残されており、受け継がれてきたものを鑑賞することにより、その国や時代に生きた人々の美意識や創造的な精神などを直接感じ取ることができる。それらを踏まえて現代の美術や文化を捉えることにより、文化の継承と創造の重要性を理解するとともに、美術を通した国際理解にもつながることになる。」と解説している。

これらを要約してみるならば、文化とは、人と人の繋がりや人と自然との関わりの中で生まれ、長い時間とともに育まれるものと定義することができそうである。そして、そこにはそれらを受け継ぎ、また新たな胎動を生み出すために、継続するという人の営みが必要である。一つの文化はまた新たな文化を生み出す母体となり、古の時代の人々もそうであったように、現代を生きる我々もまた、現代の文化を生み育てる創造者である。

すなわち、文化を受け継ぎ、文化を創造することは、他者とともに生きることそのものであるとも言える。また、現代の複雑な社会を生きるために子どもたちに育むべき「生きる力」は、決して自分自身のためだけに必要なのではない。他者とともに生きるために必要な「生きる力」なのである。そして、ともに生きることこそが文化を創造し育んでいくことなのだと言えるだろう。

具体的に中学校や高等学校の美術や工芸の教科書を見てみると、美術文化の継承と発展に関する頁を増やしたり、伝統文化を受け継ぐとともに新たな展開に努力する人々を多く取り上げたりする傾向がある。この内容を実際に授業として展開するとき、美術文化の具体的な対象物であるさまざまな時代の美術作品についてその知識を増やすだけでは、本質的なの美術文化の学習にはならない。すなわち、次の学習段階である文化を創造する者としての自己認識が重要である。学習は知識を増大させることだけでは成立しない。特に美術文化の学習では、文化の主体者としての意識を育てることが重要である。

美術の教科書についての詳細は他節で述べているが（121頁「美しい美術の教科書」参照）、中学校美術科の教科書を作成している立場としては、近年の教科書において、日本の自然と人々が育んできたさまざまな我が国の美術文化を、多くの頁を使って紹介する傾向にあることは自然な流れであると理解している。伝統によって育まれ洗練されてきた美意識は、中学生にとって新鮮であると同時に、身近な存在としての日本の美術文化のよさをあらためて味わうことができると考えている。そして、そこからさらに新たな文化の創造が生まれることも期待している。また、自分たちが生活するそれぞれの地域にある美術文化に注目し、そこからの学びを軸にして、他の地域や他国の美術文化へと視野を広げることも重要である。

当然のことながら、文化はもともと教育的な要素を内包している。地域のお祭りや行事などの伝統を通して、子どもたちが成長し、やがて地域を支える存在となる姿は多くの地域で目にすることができる。同じように美術の授業においても、美術文化の学習を通して、中学生や高校生が地域文化の継承と振興の主役となることを願っている。

一方、地域の伝統文化が、すでに維持できなくなっているという状況もある。過疎地域の高齢化が進み、限界集落とされる地域が著しく増加している。一つの地域から人々の営みが消えるということは、その地域の歴史や伝統、文化も消滅することである。中学生が地域の伝統文化の担い手となり、そこに生まれる教育活動への期待を先述したが、現実にはもっと厳しい状況にある地域が日本全国に増え続けていることも認識しなければならない。「文化芸術振興基本法」や「学習指導要領」が言う「我が国の文化もしくは伝統」は、「我が村の」もしくは「我が町の」文化や伝統のことでもあるはずである。

一方、文化は絶えず変化し、消えるものもあれば新たに生まれるものもあるとの見解は事実であるだろう。美術文化に限っても、美術の歴史として記録されたものは膨大で多彩であるが、その歴史に残ることなく、もはや誰も知る由のない美術文化もまた数多く存在したはずである。しかし、消え去ったものであったとしても、その時代のその場にいた人々にとっては、自分たちが生きた証であり、営みであったはずである。美術史上に残る作品は、美術品ではあるが、美術文化そのものではない。ことばを変えるならば、文化とは人の営みのことである。長谷川等伯の《松林図屏風》が美術文化ではなく、それと出会い鑑賞し、さまざまな想像を巡らす人々の営みが美術文化であり、モーツァルトの楽譜が音楽文化ではなく、それが演奏されて聴衆が感嘆することが音楽文化である。

現代を生きる我々もまた、現代の文化を生み育てる創造者であるためには、営みとしての芸術文化という視点を大切にしたい。二一世紀に生きる子どもたちは、自分の後ろに何を見、その前方には何を見るのか。未来の文化創造者のための文化振興を柱とする社会変革が求められる。

PISA調査

PISA調査とは、OECD（Organisation for Economic Co-operation and Development、経済協力開発機構）が進める「生徒の学習到達度調査」（Programme for International Student Assessment）のことである。二〇〇〇（平成一二）年に第一回が行われ、三年毎に実施されている。調査の対象年齢は一五歳児、日本の場合は高校一年生となる。直近ではコロナ禍の影響もあり一年遅れて、二〇二二（令和四）年に実施され、本稿執筆の時点では集計分析中である。その前の二〇一八（平成三〇）年の参加国はOECD加盟国三七カ国、非加盟国四二カ国の七九カ国であり、日本では全国一八五校、六一〇〇人の高校一年生が参加している。

この調査は各国の学校教育の状況を比較調査することが目的であって、美術や芸術の社会的状況を分析するような内容とは程遠いものである。しかしながら、その一部に美術文化に関する認識において、日本社会特有の傾向が見られるので取り上げてみる。

PISA調査の内容としては、各回によって重点項目がある場合もあるが、主として「読解力」、「数学的リテラシー」、「科学的リテラシー」について、テスト調査を行っている。最終的には各国の点数が発表されることから、マスコミでは他国の成績との比較による順位に注目した報道がなされる。いささか過熱気味なその報道は、オリンピックでメダルを取ったか取れなかったかを報じるような嫌いさえある。そのような報道ではほとんど取り上げられないが、このようなテスト調査以外に、学習の背景を調査する質問調査、いわゆるアンケートが設定されていることである。一つは調査実施校の学校長に対する「学校質問調査」であり、もう一つは調査参加生徒に対する「生徒質問調査」となっている。質問内容は多岐にわたるが、「生徒質問調査」では、自分自身や家族、国語の学習、読書、生活、学校、学校の時間割や学習時間についての質問となっている。

その中に、「あなたの家には次のものがありますか。」という質問があり、二〇一八年の調査では、一六項目があげられている。これは「生徒の社会的経済文化的背景」に関する調査であり、「家庭の学習リソース」や「家庭の文化的所有物」の指標が作成され、各リテラシーとの関係性などについて分析されている。日本の研究者の関心は高いとは言い難いが、経済的背景だけでなく、文化的背景が生徒のリテラシーレベルにどのように影響するかとの視点も設定されている。しかし、日本のPISA調査の実施及び集計分析を担当する国立教育政策研究所からは、近年の調査では、この質問に関する直接的なデータは公表されていない。

二〇〇九（平成二一）年の調査では、この質問に関するデータの一部が公表されているので、一四年前のものではあるが、取り上げてみる。二〇〇九年のこの質問で提示されている所有物に関する項目は一七あり、次のようになっている。

勉強机　自分の部屋　静かに勉強できる場所　勉強に使えるコンピュータ　教育用コンピュータソフト　インターネット接続回線　文学作品（例：夏目漱石、芥川龍之介）　詩集　美術品（例：絵画） 学校の勉強に役立つ参考書 専門書 辞書 食器洗い機 ＤＶＤプレイヤー デジタルカメラ プラズマ／液晶テレビ 衣類乾燥機

二〇〇九年調査は、ＯＥＣＤ加盟国三四カ国、非加盟国・地域三一において実施され、合計約四七万人の生徒が調査対象となっている。先述の項目のうち、家庭における文化的所有物と分類されている「文学作品」、「詩集」、「美術品（例：絵画）」について、ＯＥＣＤ加盟国平均と日本の回答を比較してみると次のような結果となっている。「文学作品」については、日本の選択回答、すなわち「家にある」と答えたのは、五一・二％に対して、ＯＥＣＤ加盟国平均は、五二・五％、「詩集」については、日本三〇・〇％、加盟国平均五一・八％、「美術品（例：絵画）」では、日本三五・〇％に対して加盟国平均は、六二・六％となっている。

「文学作品」の所有については加盟国平均と大差ないが、「詩集」と「美術品（例：絵画）」においては、ほぼ倍に近い差が生じている。ＯＥＣＤ加盟国中でも国内総生産や国民所得ではトップグループにある日本が、「詩集」と「美術品（例：絵画）」の所有について最下位に近いということは、これを経済的理由によるものとは考えにくい。特に「美術品（例：絵画）」については、一つの仮説を設定することができる。それは、「美術品（例：絵画）」のことばの意味、認識の違いである。

この生徒質問調査の問題文が英語ではどのように表記されているかというと、「美術品（例：絵画）」は、「Works of art（e.g. paintings）」となっている。このことばに児童生徒が学校で描いてきた絵も含まれるかと、高度な日本語を身につけている親しいアメリカ人に尋ねたところ、返事はいたって明快に「当たり前だ」ということであった。しかしながら、「美術品（例：絵画）」を所有しているか問われた日本の高校一年生の多くは、美術品と言われるような高価な物はないと答えていると思われるのである。自分が学校で描いた作品や家族が趣味で描いた作品が部屋に飾ってあっても、美術品は所有していないと考えることは、一般的な日本人の認識でもあるとも言える。先ほどのアメリカ人の友人に、日本人にとっての「美術品（例：絵画）」とは、高価な物、ギャラリーや美術館にあり高額で売買される物を意味すると説明をしたところ、それは「treasure」のことであると指摘された。すなわち「宝物」のことであり、「Works of art」の一部でしかないとの説明であった。

彼は日本の歴史に興味はあっても美術の専門家ではなく、「Works of art」と「treasure」のことばの概念についての認識は、一般的アメリカ人のものと考えられる。一方、「美術品（例：絵画）」に対する「treasure」的な認識をもつ日本人もまた一般的であると言えるだろう。ここに芸術や美術に対する日本社会全体の旧態然とした理解の状況が読み取れる。繰り返しになるが、子どもが学校で描いた絵は日本社会においては美術品ではないのである。これを「美術作品」と言い換えても、大差はないように思える。

逆に、アメリカ人の友人から子どもたちが描いた絵を日本では何と言うのかと問われたとき、「児童画（child art）」と答えたが、関西訛りの日本語が達者な彼からは、それならば中学生や高校生の絵は「生徒画（student art）」と言うのかと問い詰められてしまった。「生徒画」ということばはないと答える私に対して、誰がどのように描いてもそれは美術作品であり、「Works of art（e.g. paintings）」であると彼は断言したのである。最後には「お前、美術教育の専門家やろ」とのことばも頂戴することになってしまった。

ＰＩＳＡ調査のデータが示す「美術品（例：絵画）」が家にあると答えた日本の高校一年生三五・〇％に対して、ＯＥＣＤ加盟国平均が六二・六％というのは、物質的環境の差ではなく、芸術や美術に対する社会的認識の差として理解すべきであり、日本社会における美術の在り様を具体的に示すデータとして読み取る必要がある。

エネルギーとしての突破力

近年とみに、未来に希望を見出せない若い人たちを中心とする社会の閉塞感が指摘されている。この大きな課題は、これから我々はいかに生き、どのような社会を目指すべきかという根源的な問いでもある。そして、これは今を生きる我々全員に等しく突きつけられた問題であり、それに立ち向かうべき教育とはいかなるものか考えるときにあると言えるだろう。

一方、社会風潮としての「閉塞感」に対して、さまざまなクリエイターなど、創造性をもって社会で活躍する人たちを中心として、「突破力」ということばをよく聞くようになった。一般的に、このような何か新しいことばや思考、概念などが登場すると、これまでは、何を突破するのか、突破してどこに向かうのか、成果の評価はどうするのかなど、まず目的論や方法論でこれを判断しようとしてきた。しかし、この「突破力」については、目的や方法論は状況に応じてあったとしても、総体としては、人間が個々に内在するエネルギーを意味している。

さまざまなエネルギーが世の中にはあり、それらのほとんどは人間にとって必要なものであるが、現在の世界的課題である大量のエネルギー消費とは違って、この人間に内在するエネルギーはどんなに使っても環境を破壊することはない。消費されてなくなることもない。むしろ、人間同士の結びつきによって増幅し、広がり拡大していくものである。すなわち、「突破力」のことばで表される人間のエネルギーとは、閉塞感のある社会を連携、協働によって押し広げていこうとする意志の力を意味している。それはまた、これまで教育において用いられてきた「生きる力」よりももっと積極性と強さを持ち、大きな課題をまさしく突破していく力にもなりうるイメージをもつものである。

しかし、そのような視点を現実に移してみると、このような「突破力」に対する期待があるということは、現実にはそうなっていないという状況が存在するということでもある。しかも、その状況はかなり厳しいと言わざるを得ない。

一つの具体的事例として、選挙権年齢引き下げを取り上げてみる。一八歳から選挙権を持ち、成人についても制限があるとはいえ、二〇歳から一八歳に引き下げた一連の制度改革に、大きな影響を与えた一つの調査結果がある。教育問題を広く論議する文部科学省の中央教育審議会だけでなく、内閣府その他政府関係機関、社会学者、教育研究者などに少なからずショックを与えた調査である。

その衆目を集めた調査は、財団法人日本青少年研究所（当時）が実施した「中学生・高校生の生活と意識─日本・アメリカ・中国・韓国の比較」である。そのうち、特に二〇〇九（平成二一）年と二〇一五（平成二七）年の調査の結果から、二項目が中央教育審議会資料に加えられている。二〇〇九年の調査では、中・高生両方を対象として、日本の中学生八〇七名、日本の高校生一二一〇名、米国の中学生八五二名、米国の高校生一〇〇三名、中国の中学生一〇〇一名、中国の高校生一一二八名、韓国の中学生一一三三名、韓国の高校生一一四三名の有効回答からの分析である。二〇一五年の調査は、高校生のみが対象となり、タイトルも「高校生の生活と意識に関する調査報告書─日本・米国・中国・韓国の比較─」となっている。日本の高校生一八五〇名、米国の高校生一五六〇名、中国の高校生二二五一八名、韓国の高校生一八三三名からの質問紙による有効回答をデータとしている。

最初に、二〇一五年の調査から、自分の性格評価を高校生に尋ねた項目を見てみる。質問は「自分には人並みの能力があると思うか。」と「自分はダメな人間だと思うことがあるか。」である。この二つの真逆な問いについて、日本の高校生は、「人並みの能力があるか。」との問いに対しては五五・七％が「ある」と答えている。他国の高校生はどうかというと、米国の高校生八八・五％、中国の高校生九〇・六％、韓国の高校生六七・八％が自分には人並みの能力があると答えている。一方、「自分はダメな人間だと思うことがあるか。」の問いに対しては、日本の高校生は七二・五％、米国の高校生は四五・一％、中国の高校生は五六・四％、韓国の高校生は三五・二％が、ダメな人間だと思うことがあると答えている。

もう一つは、二〇〇九年の調査で、中・高生両方に尋ねたものであるが「私の参加により、変えてほしい社会現象が少し変えられるかもしれないと思うか。」という質問である。英語を直訳したような読みにくい文章であるが、要するに自分が社会活動に参画することによって、社会改革ができると思うかとの社会参画意識に関する問いである。これに対する答えのうち、「①全くそう思う」と「②まあそう思う」を比較してみると次のようになる。日本の中学生は①が一〇・二％、②二七・一％であり、米国の中学生は①一四・〇％、②三九・三％、中国の中学生は①一七・四％、②四〇・九、韓国の中学生は①一一・七％、②五四・八％となっている。高校生の場合を比較すると、日本の高校生は①六・五％、②二三・六％、米国の高校生は①一六・九％、②五二・九％、中国の高校生は①一九・六％、②四三・一％、韓国の高校生は①一一・四％、②五七・〇％となっている。

細かく数字を比較するまでもなく、自分の性格評価の結果から見えてくるのは、日本の中・高生の自信のなさであり、そして社会参画意識に関する結果からは、愕然とするという表現がふさわしいほどの我が国の中・高生の社会に対する無関心さである。そして、そのように教育してきたのは、学校のみならず日本社会全体の問題であると思えるのである。

この調査は二〇一四（平成二六）年からは、独立行政法人国立青少年教育振興機構に引き継がれて継続実施されている。二〇二〇（令和二）年から翌年にかけて実施された「高校生の社会参加に関する意識調査―日本・米国・中国・韓国の比較―」でも、ほぼ同じような結果となっており、同機構はその報告書のまとめとして「経年比較にみる高校生の社会参加意識」を提示している。

日本の高校生は、二〇〇八年の調査と比較して、「私の参加により、変えてほしい社会現象が少し変えられるかもしれない」と考えている（「全くそう思う」「まあそう思う」の回答。以下同様）割合が高くなり、「現状を変えようとするよりも、そのまま受け入れるほうがよい」と考えている割合が低くなっている。一方、「社会のことはとても複雑で、私は関与したくない」と考えている割合が高くなっている。

「私の参加により、変えてほしい社会現象が少し変えられるかもしれない」について、「全くそう思う」と回答した者の割合が、四か国とも一二年前の二〇〇八年と比べて高くなっている（図省略）。「社会のことはとても複雑で、私は関与したくない」について、「全くそう思う」「まあそう思う」と回答した割合が四か国とも高くなり、特に米・中・韓ではその変化が顕著である（図省略）。「私個人の力では政府の決定に影響を与えられない」でも同じ傾向が見られた（図省略）。

「現状を変えようとするよりも、そのまま受け入れるほうがよい」について、日・米・中の三か国では、「全くそう思う」「まあそう思う」と回答した割合が二〇〇八年調査と比べて低くなっている。韓国では「全くそう思う」の割合が高くなっているが、「まあそう思う」を合わせると、前回調査とはあまり変化が見られなかった（図省略）。

また、「政治や社会より自分のまわりのことが重要だ」については、二〇一一年の調査と比較して、「全くそう思う」「まあそう思う」と回答した割合が四か国とも低くなっている。特に米・中・韓の三か国ではその変化が著しい（図省略）。

このように、一〇年前と比べて四か国の高校生は社会参加の意義や必要性に対する認識が高まっているものの、社会に関与したくないという消極的な姿勢も示され、社会参加の困難さの自覚が高まっていることがうかがえる。

二〇一五（平成二七）年六月に、公職選挙法等の一部を改正する法律が成立し、翌年より施行され年齢満一八年以上満二〇年未満の者が選挙に参加することができることとなった。その改正から、二〇二〇年に実施された「高校生の社会参加に関する意識調査 —日本・米国・中国・韓国の比較—」の間に、二〇一六（平成二八）年参議院選挙、二〇一七（平成二九）年衆議院選挙、二〇一九（令和元）年参議院選挙の国政選挙が実施された。しかし、この調査の通り、日本の高校生の社会参画意識は低調であり、実際の年齢満一八年以上満二〇年未満の投票率は、各世代の比較においても最低の二〇代に次ぐ低さである。

この意識改革のために、社会と自身を考える科目や高校生が積極的に地域社会と関わりを持ちながら学習する機会を増やすなど、公民一体となっての取り組みが進んでいる。しかしながら、これは高校生のような若い人たちの問題だけではなく、日本社会全体にある社会参画意識の希薄さが、これからの社会を担うべき若い人たちに端的に表れていると見ることができるのではないだろうか。

また、この課題は、学校教育の改編や選挙制度、成人などの法的社会制度の改正ですぐに効果の出るような課題ではない。もっと根本的なもの、人としての在り方、生き方の問題であり、人間観から社会観までの壮大な課題である。個人が社会との関わりを積極的に持つためには、やはり個々に内在するエネルギーが必要なのである。すなわち、閉塞感のある社会を連携、協働によって押し広げていこうとする意志の力が求められるのである。したがって、社会のさまざまな場面で、まさしく「突破力」を育てることができる環境が必要である。とはいえ、若い人たちの教育に責任を持つ学校教育が、まずは、「私」を主語にして物事を考える姿勢を基本にする教育に徹する必要がある。「突破力」は学習目標でもあり、同時に日本全体の課題でもある。

学校教育は、前述のように「生きる力」の育成を大きな目標としてきた。しかし、「突破力」と比較するならば、いささか自己完結的性格が強く感じられる。文部科学省は、「基礎・基本を確実に身に付け、いかに社会が変化しようと、自ら課題を見つけ、自ら学び、自ら考え、主体的に判断し、行動し、よりよく問題を解決する資質や能力／自らを律しつつ、他人とともに協調し、他人を思いやる心や感動する心などの豊かな人間性／たくましく生きるための健康や体力など」を「生きる力」としている。ここにあるのは、完成された一個人としての人間観である。しかし、多様な人々が連携し協働する社会の在り方を考えるとき、「自らを律しつつ、他人とともに協調し、他人を思いやる心や感動する心」だけでは不足である。自らを律するよりも自ら主張し、協調よりも自ら働きかけて連携し、思いやるよりもともに協働する人間としてのエネルギーが必要なのである。

また、「自ら課題を見つけ、自ら学び、自ら考え、主体的に判断し、行動し、よりよく問題を解決する資質や能力」は、自身の利のためだけに発揮されるものではないはずである。他者や社会とともにある中でその資質や能力が発揮されるためには、各個人に内在するエネルギーの燃焼による自発性や主体性が重要になる。すでに「生きる力」は第二ステージに入るべき時代にあると言えるだろう。

これらを踏まえて、今、また美術の学びについて考えてみることにする。このような時代の変化や教育に対する期待が変化しようとするとき、美術の学びもまた新たな展開が求められるのは当然であるが、ではどのような展開が必要なのだろうか。現在、小学校や中学校、高等学校で用いられている図工、美術の各種教科書には、さまざまな立場の人が登場する。以前は作家やデザイナーがほとんどであったが、学芸員、美術大学生、ご近所の皆さん、医師、調理師など多彩である。すなわち、図工美術の授業を要として、人の繋がりを広げ、そこからさらに学びを深めることを目的としている。このように、人と人の連携や関わりによって新しいエネルギーが生まれることを期待しているのである。また、これは美術の学習が将来においてどのような意味や価値があるのかを、具体的に目に見える形で示したものでもある。

各個人の中のエネルギーが自分自身のためだけに使われたのでは不完全燃焼である。自発的、主体的に連携を切り開き、協働を深め合おうとするとき、「突破力」というエネルギーは増幅し大きな力を発揮することになる。そのような個人レベルから始まる連携や協働が社会構造の基本となったとき、自らの意思で社会に参画しようとする積極性や意欲の連鎖が生まれてくるのではないだろうか。重要なことは、学校教育における学習の成果を個人の資質や能力の育成という結果のみで捉えてはならないということである。学習は自分自身のためだけに取り組むものではなく、現在と未来において関わり合う多くの人々のためでもある。その視点の脆弱さが、結果的に多様な人々が連携し協働する社会の形成者となるための学びの不在を招いてきたと言える。「生きる力」のその先にある学びを目指し、主体性を最も重視する美術教育として自ら変革すべきときにある。

アート好きの行方

「美術が苦手な人」がいれば、当然「美術が得意な人」あるいは「美術が好きな人」もいる。他節でも取り上げているように（28頁「アートインフラ」、49頁「素人美術愛好家」、196頁「文化に関する世論調査」参照）、近年は「美術が好きな人」の数は増加傾向にあることは間違いがない。ただし、その「美術好き」のタイプも多様化しているようである。ここでは、アートプロジェクトやアートフェアの状況から「美術が好きな人」の傾向を考えてみたい。

平成、令和の三十数年間の我が国の美術文化の動向を一言でまとめるならば、現代美術が市民権を得るとともに、アートプロジェクトなどに多くの市民が集まることが一般化し、市井における美術や芸術の普及が進んだ時代と捉えることができる。アートプロジェクトに明確な定義はないが、一般論的にまとめるならば、作品の制作過程などに注目し、美術館での展示や鑑賞ではなく、地域社会におけるヒト、モノ、コトなどの関係性を重視してアートを捉えたり、アートを媒介にした地域活性化などに取り組んだりすることとなるだろう。

また、作家個人が比較的短時間に、小規模に展開する造形によるワークショップなどもアートプロジェクトの一つと見ることもできるし、このようなアートプロジェクトを自身の表現活動、もしくは作品とする作家やクリエイターが活躍する状況もある。これを美術鑑賞者側から見るならば、美術や芸術の敷居が低くなったと言えるだろう。そして、誰もが以前より気楽にアートの世界に足を踏み入れることが可能になり、より多くの人がアートに関心を持つようになった。かつて、美術や芸術の領域は、美術や芸術を理解し、その何たるかを知る者のみが入ることを許される世界であったものが、誰もが自分なりの楽しみ方を享受することができるようになったと言える。

もちろん、本書が想定する「美術が苦手な人」にとって、このような美術や芸術環境の変化は自分とは遠いものであろうし、美術館の来場者やアートプロジェクトの参加者がすべて「美術が得意な人」とは限らない。ただ、アートプロジェクトやアートワークショップなどに積極的に参加する人たちの様子を観察すると、誰もが堂々としている印象がある。そして、このような状況には「美術」、「芸術」ということばよりも、気楽さや軽さを含む「アート」の方がふさわしく思える。美術は苦手でも、アートは好きだという人の存在が大きくなっているのが近年の傾向とも言えるのではないだろうか。つまり、以下に示すデータは、この「アート」を楽しむ人々、すなわち「アート好き」の動向として読み取ることも可能である。
二〇〇〇（平成一二）年から三年に一度開催されている「越後妻有アートトリエンナーレ」は、そのようなアートプロジェクトの大衆化ともいうべき現象を牽引し、この成功は多くの自治体にアートに対する関心を高めさせることになった。会場は、新潟県十日町市と津南町のいわゆる越後妻有であり、直近ではコロナ禍によって一年遅れて、二〇二二（令和四）年に第八回が開催されている。これまでの来場者数の変化を見てみると次のようになる。

二〇〇〇（平成一二）年　第一回　一六万二〇〇〇人
二〇〇三（平成一五）年　第二回　二〇万五〇〇〇人
二〇〇六（平成一八）年　第三回　三四万八〇〇〇人
二〇〇九（平成二一）年　第四回　三七万五〇〇〇人
二〇一二（平成二四）年　第五回　四八万八〇〇〇人
二〇一五（平成二七）年　第六回　五一万〇〇〇〇人
二〇一八（平成三〇）年　第七回　五四万八〇〇〇人
二〇二二（令和　四）年　第八回　五七万四〇〇〇人

（「十日町市観光交流課芸術祭企画係」発表）

豪雪地帯で知られ、過疎化の進むこの地域に、一時的とはいえ、五七万人もの人々が押しかける状況は、地域の活性化や経済効果という視点からだけで語ることのできない影響力がある。来場者を迎える越後妻有の人々にとっては、自らの地域やそこに生きる自身の姿に、アートという新たな光が当てられることによって、この地で生きることに対する自信を確認することにもなっている。また、長旅を経て越後妻有を訪れる人々は、越後妻有特有の風土と一体化した多様なアートとの出会いによって、新たな美術体験を求めてやってくる。ここに観光の延長線上にある「アート好き」の典型的な姿がある。

しかしながら、初回から二十数年が経過する中で、プロジェクトに参加する人々の熱量に変化が感じられることも事実である。第八回展は訪問する機会がなかったが、コロナ禍前の第七回では、来場者の数こそ増えているが、第二回や第三回の高揚感と比べて、どこかサラリとした冷静さのようなものが感じられた。初期段階で地域の牽引役であった人たちにも、二十数年を経て、「慣れ」ということばも感じられた。今後も「越後妻有アートトリエンナーレ」は継続される計画となっている。そして、さらに多くの集客を目指して、新たなプログラムが用意されていくことになるだろう。その中には、「アート好き」の人々の関心と話題を集めることを目的とする作品やプログラムも多くなることは予想できる。ここに、このようなアートプログラムが伝統として地域に根づくことの難しさがある。

趣旨や性格は全く違うが、イタリアの「ヴェネツィア・ビエンナーレ」は一八九五（明治二八）年から始まり、ドイツの「カッセル・ドクメンタ」は一九五五（昭和三〇）年に第一回が開催されている。この二つのプログラムと「越後妻有アートトリエンナーレ」の大きな違いは、「ヴェネツィア・ビエンナーレ」も「カッセル・ドクメンタ」も「アート好き」の存在を想定していないということである。そして、現代の先端を走る世界のアーティストがしのぎを削る場であり続けている。

一方、地域との一体化や大衆化を旨とする「越後妻有アートトリエンナーレ」に始まる日本各地のアートプロジェクトの将来を考えるとき、「アート好き」の動向は欠かせない。もちろん、アートの祝祭としてのプログラムに集まる「アート好き」の期待を裏切らないことも重要であるが、さらに、プログラムの支持者の中心でもある「アート好き」の教育と普及が重要な課題となってくる。「アート好き」の増加とともに、その鑑賞やアートに対する意識の質を上げることである。アートプログラムにおける新たな出会いや体験を通して、「アート好き」が自らの思考を深めることができる場や機会を提供できるかである。それはプログラムの開催期間のみのことではない。アートプログラムの主催者には、プログラムの内外において、アートの意味や意義を社会に発信し続ける責任がある。

次に、社会の中で増加傾向にあると思われる「アート好き」の動向を推測する上で、アート作品の購入という状況を見てみることにする。

一般社団法人アート東京が主催する「アートフェア東京」は、美術作品の売買を目的とするフェアであるが、ここでも入場者数及び売上額は増加を続けている。美術作品を購入する目的はさまざまであるが、入場者のほとんどは一般の市民であり、これまで取り上げてきた「アート好き」と評してよい人たちである。彼らがギャラリーの担当者と談話をし、作品を見つめるその様子を観察するならば、ほとんどの人々がやはり堂々としていて、自らの審美眼に自信を持っているように見受けられる。そして、自分が気に入った作品、自分の生活空間にあることを望む作品については、それがかなり高額であっても積極的に購入している。二〇〇五年から始まったこのフェアの入場者数及び売上金額の推移は次のようになる。

以下は、開催年、参加ギャラリー数、来場者数、売上金額の順に示している。

二〇〇五（平成一七）年	八三	二万八〇〇〇人	二・〇億円
二〇〇六（平成一八）年	開催せず		
二〇〇七（平成一九）年	九八	三万二〇〇〇人	三・五億円
二〇〇八（平成二〇）年	一〇八	四万三〇〇〇人	三・五億円
二〇〇九（平成二一）年	一四三	四万六〇〇〇人	三・〇億円
二〇一〇（平成二二）年	一三八	五万人	二・三億円
二〇一一（平成二三）年	一三三	四万三〇〇〇人	一・九億円
二〇一二（平成二四）年	一三八	五万三〇〇〇人	二・七億円
二〇一三（平成二五）年	一七六	四万四〇〇〇人	四・八億円
二〇一四（平成二六）年	一八〇	四万八〇〇〇人	九・五億円

二〇一五（平成二七）年	一六〇	五万五〇〇〇人	一〇・二億円
二〇一六（平成二八）年	一五七	五万六〇〇〇人	一一・三億円
二〇一七（平成二九）年	一五〇	五万八〇〇〇人	二四・五億円
二〇一八（平成三〇）年	一六四	六万人	二九・二億円
二〇一九（令和 元）年	一六〇	六万一〇〇〇人	二九・七億円
二〇二〇（令和 二）年	中止		
二〇二一（令和 三）年	一四〇	四万一〇〇〇人	三〇・八億円
二〇二二（令和 四）年	一五〇	四万三〇〇〇人	三三・六億円
二〇二三（令和 五）年	一四四	五万六〇〇〇人	未発表

（「一般社団法人アート東京」発表）

一極集中の傾向が著しい東京を背景にした傾向とはいえ、この十数年の間に、アート作品と鑑賞者との距離に明らかな変化が生じてきたことは、確かなことである。売上額の増加は、作品価格の高騰も原因の一つであるが、自らの鑑賞眼に自信を持つとともに、所有欲を満たしてくれる作品は、迷いなく購入する層が比較的若い人たちに増加している。事実、入場者は圧倒的に「アート好き」と思われる若い人が目立っている。ブームとしての美術作品購入の動きは、一九八〇年代後半のバブル期にもあったが、現在のアート作品購入の状況は流行やブームとはいささか違いがある。日本社会における経済格差の広がりの中で、この会場で作品を購入する人たちの中心は、ある程度の収入のある若い人たちであることは確かであるが、その多くは経済的価値判断を優先するのではなく、自らの美意識や哲学を具現化する行為として作品を購入しているようである。

このようなアートプログラムやアートフェアの状況を見ていくと、日本社会におけるアートの広がりや新たな展開は、気鋭のアーティストが切り拓くと言うよりも、多数の「アート好き」の動向によるのではないかとさえ思えてくる。確かに歴史を振り返っても、新たな芸術を展開し得た優れたアーティストや芸術運動の出現には、その時代の社会的土壌あるいは必然性があった。「アート好き」の活動がさらに活発となり、社会における文化芸術の状況が熟成することによって、今までにない新たな芸術性を展開するアーティストが誕生するとも考えられる。

しかしながら、アーティストと「アート好き」のためだけのアートである限りにおいては、文化人類学者が語る人類の心理や思考の根本にある芸術という論理は、学者の書斎の中の話でしかない。複雑さと曖昧さを深める未来社会におけるアートの意味や働きは、誰にとっての日常のどこにでもあるものになることによって、その必要性と価値を増すことになる。すなわち、アートプロジェクトやアートフェアの広がりの先にあるべきものは何かを問う必要がある。本書は最初に述べたように、「アート好き」を広げることを目的とはしていない。ただし、「アート好き」の対局にある「美術が苦手な人」の存在が、「美術を信じない人」とならないことは願っている。

第7章 — 美術の教育の未来

文化に関する世論調査

社会の一般的な人々と文化芸術との関係を考察するために、文化庁が行っている「文化に関する世論調査」を取り上げてみる。

この調査は一九八七（昭和六二）年から始まり、一〇回実施されているが、「平成二八（二〇一六）年九月調査」までは、内閣府大臣官房政府広報室世論調査担当が実施していた。「平成三〇（二〇一八）年度調査」からは文化庁が実施し、調査方法もそれまでの調査員による個別面接聴取法によるものから、インターネット・アンケート調査に変更されている。

これまでの実施は、「昭和六二年七月調査」、「平成八年（一九九六）一一月調査」、「平成一五（二〇〇三）年一一月調査」、「平成二一（二〇〇九）年一一月調査」、「平成二八年九月調査」、「平成三〇年度調査」、「令和元（二〇一九）年度調査」、「令和二（二〇二〇）年度調査」、「令和三（二〇二一）年度調査」、「令和四（二〇二二）年度調査」である。

各回の調査方法や質問及び選択肢には違いがあり、単純な経年比較はできないが、関連する項目を取り上げてみるといくつかの傾向を読み取ることができる。ただし、コロナ禍による人々の動向や世論は特殊であるので、コロナ禍に入る直前の調査を中心に見ていく。「令和元年度調査」は、実施時期が二〇二〇（令和二）年二月三日から同年二月一〇日であるため、まだコロナ感染に対する警戒心もさほど強くなく、コロナ前の世論を反映していると見ることができる。この調査の概要は、調査対象を全国一八歳以上の日本国籍を有する者とし、標本数は三〇〇〇人である。また、その方法はウェブ・パネルを用いたインターネット・アンケート調査となっている。

その第一問は、「Q1 あなたは、この1年間に、コンサートや美術展、映画、歴史的な文化財の鑑賞、アートや音楽のフェスティバル等の文化芸術イベントを直接鑑賞したことはありますか。（複数回答）」というものであり、「ある」と答えたのは全体の六七・三％となっている。

その選択肢は、「1 オーケストラ、室内楽、オペラ、合唱、吹奏楽など」「2 ポップス、ロック、ジャズ、歌謡曲、演歌、民族音楽など」「3 美術（絵画、版画、彫刻、工芸、陶芸、書、写真、デザイン、建築、服飾など）」「4 現代演劇、児童演劇、人形劇」「5 ミュージカル」「6 バレエ、モダンダンス、コンテンポラリーダンスなど」「7 ストリートダンス（ブレイク、ヒップホップ等）、ジャズダンス、民俗舞踊（フラダンス、サルサ、フラメンコ等）、社交ダンスなど」「8 日本舞踊」「9 伝統芸能（歌舞伎、能・狂言、人形浄瑠璃、琴、三味線、尺八、雅楽、声明など）」「10 演芸（落語、講談、浪曲、漫才・コント、奇術・手品、大道芸、太神楽など）」「11 花展、盆栽展、茶会、食文化などの展示、イベント」「12 映画（アニメを除く）」「13 アニメ映画、メディアアート（コンピュータや映像を活用したアート）など」「14 歴史的な建物や遺跡（建造物〔社寺・城郭など〕、遺跡、名勝地〔庭園など〕の文化財）」「15 歴史系の博物館、民俗系の博物館、資料館など」「16 地域の伝統的な芸能や祭り（民俗文化財）」「17 その他（具体的に：　　　　）」「18 鑑賞したものはない」「19 分からない」と、多岐にわたっている。

複数回答の中で多かった分野は「12 映画（アニメを除く）」が三六・二％で、「14 歴史的な建物や遺跡〜」が二六・六％、「3 美術〜」は二三・六％、「2 ポップス〜など」は一八・五％となっている。

「美術」について詳しく見てみると、他の分野と比較して男性一九・〇％、女性二七・八％と男女差が大きい。このことは、主な美術大学の七割が女子学生である点とも関連づけられるが、美術の特性が性差を生み出しているのか、社会的要因があるのかは不明である。ただし、美術大学の教員は圧倒的に男性であり、その点において批判的指摘もある。年齢別では一〇歳代、二〇歳代に一つ山があり、その後低下し、五〇歳代より再び増加している。この傾向は、選択者の多い他分野でもほぼ同様であり、やはり子育て世代や働き盛りにおける多忙さの影響もあると考えられる。

ここで注目したいのは、「18 鑑賞したものはない」と回答した人たちの状況である。本調査では、「18」と回答した人たちに対して「Q1 鑑賞しなかった理由は何ですか。（複数回答）」を問い、その選択肢は「1 近所で公演や展覧会などが行われていない」「2 夜間に公演や展覧会などが行われていない」「3 公演や展覧会などの情報が入手できない」「4 一緒に行く仲間がいない」「5 入場料・交通費など費用がかかり過ぎる」「6 公演や展覧会などが人気で、チケットの入手が困難」「7 育児・介護などで時間がなかなか取れない」「8 仕事・学業などで時間がなかなか取れない」「9 小さな子どもを連れて行ける施設や行事が少ない」「10 バリアフリーや高齢者・障害者対応サービスが整っている施設や行事が少ない」「11 魅力ある公演や展覧会などが少ない」「12 テレビ、ラジオ、CD・DVD、インターネットなどにより鑑賞できる（鑑賞した）ので」「13 関心がないから」「14 その他（具体的に：　　）」「15特にない・分からない」となっている。

上位の回答は「13関心がないから」三四・七％、「15特にない・分からない」二一・〇％であり、これで半数を超えている。少なくとも、中学高校における芸術系教科科目の授業は「生涯にわたり芸術を愛好する心情を育むこと」を目的としてきたが、その成果は十分とは言えないようである。

また、その関連として「Q2 あなたは、どうすれば美術館や博物館にもっと行きやすくなると思いますか。（複数回答）」との問いを設定し、その選択肢は、「1住んでいる地域やその近くに美術館・博物館ができる（増える）」「2美術館や博物館へ行くための交通の利便が良くなる」「3入場料が安くなる」「4閉館時間が遅くなり、夜間でも鑑賞できるようにする」「5入場者数を制限して混雑を解消する」「6展覧会の開催に関する情報が分かりやすく提供される」「7高齢者、障害者向けの、行きやすい施設整備やバリアフリー、対応サービス等の導入」「8小さな子どもを連れて行ける対応サービス、設備の充実」「9全国的あるいは世界的に著名な芸術家の展覧会が開催される、作品が常に展示されている」「10地域にゆかりのある芸術家の展覧会が開催される」「11作品の解説やワークショップの開催など、作品に親しむ機会が充実する」「12その地域ならではの文化財がいつも見られる観光名所の一つとなっている」「13美術館や博物館に併設あるいは近隣の飲食店や商業施設が充実する」「14観光ガイドや観光マップに多く掲載され、旅行の際に立ち寄りやすくなっている」「15他の美術館・博物館や観光施設との共同パスがあり、安く周遊できる」「16その他（具体的に：　　）」「17特にない・分からない」となっている。

ここでの上位回答は、「3 入場料が安くなる」四八・一%、「1 住んでいる地域やその近くに美術館・博物館ができる（増える）」三三・六%、「6 展覧会の開催に関する情報が分かりやすく提供される」二五・四%であるが、このような美術館などの経済性や利便性について選択している回答者の多くは、先ほどの「文化芸術イベントを直接鑑賞したことがあるか」の問いで「ある」を選択した人である。また、「17 特にない・分からない」の回答も一九・六%、男性のみでは二三・八%になることも注意しなければならない。ただし、経済的要因も大きいことは事実である。美術大学の学生も思いの外、美術館に行っていない。講義の中で行ったほうがよいと思う美術館や美術展を推薦しても、行って見てきたという報告は少ない。多摩地区から都心に出るための交通費、入館料、図録代、場合によっては昼食代やカフェでの飲食代金なども考えると、学生にとってはかなりの出費である。特に図録は、最新の研究成果が掲載されているから購入するよう勧めるが、入場料と合わせると五千円前後になることもあり、いずれ大学図書館に入るからとあきらめる者もいる。

子どもの文化芸術体験に関する問いでは、「Q6 あなたは、子どもの文化芸術体験について、何が重要だと思いますか。（複数回答）」を設定している。その選択肢は「1 学校における公演や展示などの鑑賞体験を充実させる」「2 学校における音楽、ダンス、伝統芸能、美術などの創作・実演体験を充実させる」「3 学校における華道・茶道・書道などの生活文化の体験機会を充実させる」「4 郷土料理や年中行事の料理などの食文化の体験機会を充実させる」「5 歴史的な建物や遺跡などについて学習する機会を充実させる」「6 学校と地域の文化芸術施設や機関との連携を強化し、校内外で一体化した文化芸術教育を実現する」「7 ホール・劇場や美術館・博物館など地域の文化施設における、子ども向けの鑑賞機会や学習機会を充実させる」「8 音楽祭や演劇祭など、地域で文化的行事を開催し、文化芸術に親しむきっかけを提供する」「9 地域の祭りなど、地域に密着した伝統的な文化体験の機会をより多く提供する」「10 その他（具体的に：　　）」「11 特にない・分からない」となっている。

上位の回答は、「1 学校における公演や展示などの鑑賞体験を充実させる」三五・四％、「5 歴史的な建物や遺跡などについて学習する機会を充実させる」三〇・六％、「7 ホール・劇場や美術館・博物館など地域の文化施設における、子ども向けの鑑賞機会や学習機会を充実させる」二九・一％、「2 学校における音楽、ダンス、伝統芸能、美術などの創作・実演体験を充実させる」二八・六％となっている。選択肢に学校関係のものが多いという点を考慮しても、やはり学校での文化芸術体験の充実に対する期待は大きいと言える。ただし、他の選択肢の多くが二〇％前後であり、多様なニーズがあることも読み取れる。

続いて「Q7 子どもの文化芸術体験について、あなたが期待する効果は何ですか。（複数回答）」の問いがあり、その選択肢は、「1 美しさなどへの感性が育まれる」「2 コミュニケーション能力が高まる」「3 創造性や工夫をする力が高まる」「4 他者の気持ちを理解したり思いやったりするようになる」「5 学校生活における自信が向上する」「6 困難に直面したときの解決力が向上する」「7 日本の文化を知り、国や地域に対する愛着を持つようになる」「8 他国の人々や文化への関心が高まる」「9 文化芸術活動を将来続けていくきっかけとなる」「10 その他」「11 特にない・分からない」であり、その上位の回答は「3創造性や工夫をする力が高まる」五三・四％、「7日本の文化を知り、国や地域に対する愛着を持つようになる」四五・四％、「1美しさなどへの感性が育まれる」四三・一％、「2コミュニケーション能力が高まる」三四・七％となっている。

ここまで、教育の視点から関心のある項目を具体的に挙げたが、全体としては、「1文化芸術の鑑賞活動」「2鑑賞以外の文化芸術活動（創作、出演、習い事、祭、体験活動など）」「3子どもの文化芸術体験」「4地域の文化的環境」「5文化芸術振興に対する寄付に関する意識」「6文化芸術の振興と効果」「7文化芸術の国際交流・発信」の調査項目について合わせて二〇（Q1〜20）の主な問いが設定されている。またそのすべてが、指定された選択肢による回答となっている。選択肢によるアンケートでは、アンケートを作成した側の意思が強く働くので、その傾向を読み取ることも必要であり、これが日本社会における文化に関する世論すべてであると捉えることはできないと思う。しかしながら、このデータが文化庁を中心とする文化行政の指針に影響すると考えるならば重要なデータでもある。

前述したように、「平成二八年九月調査」までは調査員による個別面接聴取法であったものが、「平成三〇年度調査」からは「ウェブ・パネルを用いたインターネット・アンケート調査」となり、質問の内容も違っていることから単純な比較はできないが、この調査が始まった一九八七（昭和六二）年以降、何らかの文化芸術鑑賞を行う人の数が増加していることは間違いがない。他領域と同じように美術鑑賞に親しむ人の割合も、単純な数値だけであるが増大している。このような傾向を把握しようとするならば、もう少し詳しく人々の文化芸術に関す意識を読み取れる調査が望まれる。文化芸術は時代とともに変化し、人々の意識にも変化が生じるものであるから、全く同じ設問で対応できるものではない。それだけに、人々の文化芸術に対する意識の変化などは、同じ選択肢に必要があれば新領域を加えるなど、同じ設問の中に長く継続するものと、その都度変化するものがあってよい。

現在の調査では、文化芸術に関する世論の経年変化が捉えにくい。国としての調査は全国規模として実施されるので、それだけに設定が難しい面もあるが、このような世論調査や意識調査は、文化庁だけでなく自治体によっても行われている。文化的背景には地域差があり、その施設も人材も都市部と地方部では大きな違いがある。むしろ、地方自治体の調査を統合して、比較分析する方がより世論の実情を測りやすいとも言える。しかしながら、どのように工夫をしたとしても、回答の選択肢を多くしたとしても、このような世論調査で文化や芸術の実態をもれなく把握できるとは考えられない。

現代は、行政のみならずあらゆる行動や論説にエビデンスが必要な時代である。そして、求められるエビデンスは、一般的に信用度や客観性が高いと評価される数値データであることが多い。特に理科学系の研究では数値データのためにしのぎを削っているとも言える。現在のエビデンス論を牽引するのは、まさしくこのような科学的論証に絶対的価値を置く理論構成であり、それが人文学の領域にも求められるようになってきている。

人文学の領域の中でも特に文化芸術は、その数値データによるエビデンスによって論考することが出来にくいと言える。本書でもこの「文化に関する世論調査」のみならず、美術館の入場者数やアート作品の売上額など、文化芸術に関わる数値データをいくつか取り上げてきたが、それらは目安とはなってもこれで文化芸術の状況を把握できたとは思えない。資料として扱いながら、どこかに違和感が残る場合も多い。個々人の思いや考えによって、その関わり方に大きな違いがあることにその存在の意味や価値がある文化芸術を、世論調査というデータで総括すること自体に無理があるとも言える。世論が大きく影響する政治に関する世論調査でも、その結果に納得できない人も多いが、ましてや文化芸術の領域におけるアンケート調査結果は、個々人の思いや考えと乖離するとの前提で読み取った方がよい。

一方、文化芸術にも流行や傾向もあるし、その全体の動きを俯瞰する視点ももちろん必要である。したがって、このような文化芸術に関わるアンケート調査が不要とは思わない。むしろこれまでは軽視し過ぎていたと言った方がいい。個々人の文化芸術に関わる活動や考えを社会的な動向として把握するという視点は、文化芸術そのものの状況を示すものではないが、文化芸術の主体者の世論調査として考えることが必要である。

このことを再度教育の視点から考えるならば、中学校美術科の「現行学習指導要領」の目標に示されている「生活や社会の中の美術や美術文化と豊かに関わる資質・能力」は、まさしくこのような世論調査の対象となるものである。この「生活や社会の中の美術や美術文化」とは、美術作品や美術家のことを指しているだけではない。それらが存在する社会の構成員である、すべての市民の意識や行動を土台にした美術文化の全体状況を指している。美術や美術文化は、一握りの天才的表現者や優れたデザイナーによって牽引されているのではない。まだ姿形も見えないが、現代の人々が望み求めるものに対して、形や色彩を与え、実存化させる行為が専門家としての表現者やデザイナーの仕事であると言えるだろう。言うなれば、美術や美術文化の発展は大衆の意識の高まりにこそあり、大衆こそ文化の主体者である。そして美術教育や芸術教育は、文化の主体者となるべく子どもたちを育てることにその使命があるとも言える。それだけにこの「文化に関する世論調査」はもっと注目されてよいし、生活や社会の中の美術や美術文化の状況と人々との関わりを把握できる調査研究はもっと広がる必要がある。

映像メディアと美術教育

「表したい内容を漫画やイラストレーション、写真・ビデオ・コンピュータ等映像メディアなどで表現すること。」の一文が世に出たのは、一九九八（平成一〇）年改訂の「中学校学習指導要領」であった。学習指導要領改訂は全国版のニュース番組や新聞でも取り上げられるものの、「美術科」の学習指導要領についてはそれまでほとんど触れられることはなかった。しかし、このときばかりは、学校教育が排除してきた「漫画」を学校で学ぶ時代が到来したということで、かなり大きく取り上げられた。その陰に隠れてしまった観があるが、同時に登場した「写真・ビデオ・コンピュータ等映像メディア」に関する記述も、美術科における学びの拡大という今日的視点から考えるならば、大きな意味があった。

「メディア」を表現の媒体として理解するならば、もちろんこれまでの絵画や立体表現にしても、この改訂で加えられた漫画も映像もメディアである。しかし、小学校の図画工作や中学校の美術においては、「コンピュータ等映像メディア」が他と大きく違う点は、一つの表現の領域として設定されたものではなく、表現の幅を広げる手段もしくは方法として位置づけられているということである。具体的には、小学校図画工作科の「現行学習指導要領」では、配慮事項として「コンピュータ、カメラなどの情報機器を利用することについては、表現や鑑賞の活動で使う用具の一つとして扱うとともに、必要性を十分に検討して利用すること。」となっているし、中学校美術科の「現行学習指導要領」では、同じく配慮事項として「美術の表現の可能性を広げるために、写真・ビデオ・コンピュータ等の映像メディアの積極的な活用を図るようにすること。」となっている。しかしながら、高等学校芸術科美術の「現行学習指導要領」の各科目おいては「絵画・彫刻」、「デザイン」、「映像メディア表現」の各領域が、並列に示されており、小・中学校とは大きく違っている。

ここ一〇年間におけるスマートフォンなどのカメラ機能の普及によって、写真を撮り、映像を楽しみ、活用することは、日常的活動の一つとなった。そして、今やこれからの社会を生きる上で、映像を読み解いたり処理したりすることは、すべての人に共通する基礎的な知識・技能の一つとして求められるようになったと認識すべきである。それは同時に、公教育における新たな学習課題が出現したと考えなければならない。実際にコロナ禍によって一気に進んだ学校ＤＸ（デジタルトランスフォーメーション）は、教育の内容と方法に大きな変化をもたらしている。学校現場では、映像メディアを教育の方法として活用するための実践的な研究と映像メディアによる表現そのものについての学習が、急激な導入によって未消化の状態にあると言える。

このような状況の中でさらに今直面している課題はＡＩ（人工知能）の出現である。美術教育を担当する一人としてコロナ禍の前にも、数年後にはコンピュータを片手にした小・中・高の児童生徒が登校する姿が日常化するとの予想はあったし、美術科における映像メディアの学習についての研究を急ぐ必要があるとの認識もあった。しかし、コロナ禍によってコンピュータの全員配布が前倒しで実現し、ＩＣＴ（情報通信技術）による授業展開が必然となった上に、さまざまなＡＩの活用が小学生にもできる段階まで広がるとは予想外であった。その急激な進展によって、従来の教育観や価値観では対応できない状況が拡大しつつある。おそらくこの原稿を書いている二〇二三（令和五）年一〇月と、本書が刊行されるであろう数カ月先の段階では、ＡＩを取り巻く環境はさらに変化し、教育現場でのＡＩの扱い、社会的なＡＩに関する認識にも大きな変化が生じているに違いない。

ＡＩに対する科学的、法的、政治的、経済的評価と方針が混沌としており、一定の枠組みが見えてくるまでには、もう少し時間を要すると思われるが、教育の現場においては現実の問題であり判断に猶予はない。美術大学の学生たちは、使う者は使っているのが実情である。そこに盗作や無断コピーなどの意識は薄い。自身の創造力をサポートするツールに近い感覚である。使いましたと声高に言うことはないが、使えるものは使うという姿勢が本音である。また、自身の表現がＡＩに蓄積されデータとなる可能性や危険性に関しての意識も希薄である。ＡＩによる自身の著作権侵害について質問しても、実感がないという返事が多い。中・高の美術工芸教員免許取得を目指す学生については、自身が指導する中・高生が画像生成ＡＩを活用して、ポスターなどの題材に取り組んでも、そこに「現行学習指導要領」が示す学習は存在するとの意見が大半である。現在の学生たちはまだ小・中・高を通して、自分用のパソコンやタブレットで授業を受けてきた世代ではないが、今後ＩＴＣから始まる教育環境で学んできた世代になったときは、育成すべき資質・能力の定義そのものが違ってくることは予想に難くない。

映像メディアの教育についても、そのような近未来的な課題として考察する必要があるが、映像メディア表現の専門家育成教育のためのプログラムは、美術大学をはじめとして各種教育機関において歴史を重ねてきているし、若い人たちを中心にしてその関心も高い。美術の領域として、絵画や彫刻、デザイン、写真のような従来からの表現に加えて、映像メディアという領域が成立しているとの社会的認識はすでに存在している。

初等中等教育においては、メディアリテラシーの学習は中学校技術家庭科の技術領域や高等学校情報科で扱うことになっているが、映像メディアにおける造形的思考やその表現と鑑賞は、やはり美術科での学びの中で展開されるべきであると考える。しかし、児童生徒を対象とする映像メディア学習のための教育理念や題材の開発は、実験的な取り組みはあったとしても、まだ皆無に等しい。映像メディア領域の社会的重みが増し、人々の生き方や生活に対する影響が急激に増大している現実に比して、その教育プログラムが後れをとっているとの批判は免れない。図画工作科や美術科が、映像メディアに関する教育を担当する教科として内容を広げていくためには、これまでの学習領域と映像メディアとの関係をどのように整理すべきかの研究も多方面から進める必要がある。

しかし、小学校図画工作や中学校美術の義務教育段階の学習に映像メディアに関する事項を配慮事項ではなく学習内容として設定する場合、留意すべき点も多い。その第一は、この時期の子どもたちの感性の成長には、身体性が大きく関わるということである。自らの身体性を基にした体験的な学習が小・中学校の多くの教科で必要であり、中でも図工美術の学びは、身体的実感による感性の働きが重要である。そのように考えたとき、ＩＣＴ機材で展開するメディアの学びには、身体性の要素は希薄になる傾向が強い。ただし、絵具をつけた筆で描く場合と、タブレットにタッチペンで描く場合の違いは明らかであるが、その差はどこにおいて生じるかの検証はまだない。さらに、絵具の場合とタブレットの場合の教育的効果や学びの質の違い等の研究はこれからである。

一方、児童生徒が直接材料や用具に触れながら、身体性を基にして思考する体験的な学びの重要性については、教育学者や大脳生理学者のみならず、ＩＣＴの研究者からも話を聞くことが多い。検証はこれからとしても、身体性を基にした表現や鑑賞の学習を担保した上で、映像メディアの特質を生かした学習を展開するという学習内容の構成が必須であることは間違いない。さらに、実践においては、映像メディアの授業にありがちな機材に振り回されるようなものではなく、児童生徒の学びがはっきり確認できる学習題材が求められる。

学校の内外を問わず、現在のインターネット上には数々のフェイク画像が溢れている。ときにはことばよりもはるかに強い影響力を、一本のフェイク動画や一枚のフェイク写真が持つこともある。そのフェイクを見抜くためにはデータを解析する必要があるが、それより重要なのはそのような画像を評価できる感性である。それは、フェイクか否かの前に、身の回りに溢れる画像に対して、造形的なよさや美しさを感じ取る感性を基にして、映像の真正性を評価できる能力とも言える。その能力を国民レベルで引き揚げることが、映像メディアも使いこなす健全な社会の発展へと繋がると言えるだろう。

政府が提唱する「Society 5.0」の社会では、サイバー空間とフィジカル空間が融合するシステムによって広がる社会を想定しているが、そこに生きる人間の身体性を基にした感性の働きがなければ成立しない社会でもある。誰もが映像メディアを駆使し、多様な画像による表現や鑑賞、思考を日常的に行うことを可能にする能力の育成が必要になった時代が到来したということである。別な言い方をすれば、映像メディアによる多様な表現が日常化するということは、美術という領域概念が拡大するとともに、美術とこれまで呼んできた造形思考が、日常的に身の回りに存在し、活用すべきものとして誰もが必要な時代にあるということである。ある調査では、現在の中・高生がスマートフォンを扱う時間は一日平均五から六時間と報告されていた。そしてそのスマートフォンで見ているのは文字情報ではなく、圧倒的にゲームや動画の画像情報である。

子どもの存在

子どもが一人も存在しない、大人たちだけが勝ち組となるべく競い合う世界とはどのようなものなのか。

子どもは二〇世紀に再発見される。よき大人となるよう教育・訓練されるべき未完成な人間としての子どもではなく、子どもが子どもであることの意味を持つ存在となったのである。一九一〇年代には、第1章3節（20頁「『美』の共有」）で取り上げた「子どもの美術」の発見者と呼ばれるオーストリアの美術教育者フランツ・チゼックは、子どもの真に自由な表現の中に、人間の造形の本質である生命の輝きを見出した。また、第二次世界大戦の悲惨な状況を目のあたりにし、英国人評論家ハーバート・リードは、子どもたちの内部に人間としての平和を育てることによって、世界の平和は成立すると考えた。そして、戦後は、国際連合を中心として、子どもたちの権利や教育を具体的に保障する宣言や憲章、条約が生まれている。特に、一九四六（昭和二一）年に成立し、一九五一（昭和二六）年に日本も加盟した「国連教育科学文化機関（UNESCO）」は、具体的に子どもたちの健全な育成や教育の保障、子どもの文化の発展に具体的な提言や施策を行っている。

このような理念としての子ども論が形成されてきた二〇世紀であったが、現実には、二一世紀に入った今も、戦乱や貧困の中で多くの幼い命が奪われたり、迫害されたりしている状況がある。では、日本の子どもたちはどうなのか。戦禍や飢餓による生命の危険は遠く、表面的には豊かな社会の中で、さまざまな教育や健全育成ための機関、制度が整備され、子どもたちの生活や教育は一定程度保障された状況にあるとの見解が、近年までは一般的であった。

しかし、現在日本社会における経済格差が広がる中、子どもたちがさまざまな危険信号を発していると見ることのできるような現象や事件は、ここ数年枚挙に暇がない。そして、その原因を理解し、有効な対策を見出すことのできない大人社会は、子どもを厄介な存在、お金と労力のかかる存在として考え始めているのではないかという危惧がある。また、子どもたちを社会の経済活動を担う人材として捉え、その人材育成のための効率のよい、質の高い教育こそ必要であるとする大人社会の身勝手さも強まっている。ここ数年の日本の子どもたちと日本社会の状況を見る限り、私たち大人社会は子どもたちを見失っていたのではないかという疑問が澱み続けている。

子どもの存在とは何かを、私たちは、ここで一度立ち止まって考えてみる必要があるのではないだろうか。そうでなければ、日本社会は限りなく子どもの存在しない世界へと近づいていくことになる。

二〇世紀後半に活躍したオーストリアの動物行動学者コンラート・ローレンツは、子どもの「かわいらしさ」についての考察から、大人が子育ての行動をとる原動力となる「幼児図式」(ベビースキーマ)の概念をつくり出している。人が乳幼児に対する養育の感情を喚起するために、成人と乳児の形態的な相違が認識上作用しているとする考え方である。

ローレンツは、人、ウサギ、犬、鳥の成人(成獣)の頭部とそれぞれの赤ちゃんの頭部とを比較した図を提示し、それぞれ赤ちゃんがもつ成人（成獣）とは違った共通する特徴として、体よりも頭部が大きい、頭部の中で顔は小さい、目が大きく丸い、鼻と口は目立たず、ほほがふくらんでいるなどをあげている。これに対して、元京都大学霊長類研究所（当時）教授の正高信男は、著書『子どもはことばをからだで覚える』（中公新書、二〇〇一）の中で「そのような形態的特徴それ自身が親と子のコミュニケーションの機能のために進化したものではなく、それを『かわいい』と感じる感受性が進化の過程で備わってきたものではないか。」と論じている。

しかし、親にとって子どもの「かわいらしさ」は、養育行動を起こすための単なる原動力なのだろうか。おそらく、子どもを「かわいい」と思う感情は、わが子と他人の子では質的な差はあっても、ローレンツの考え方によれば共通のはずである。そして、「子どもの美術」を発見したチゼックにもそれはあったはずである。しかし、彼は子どもたちの生来的な造形能力を発現させ、自然な成長を保障する教育を展開することでその感情を満たすかのように、子どもたちに一生を捧げている。

チゼックの美術教育論をまとめたウィルヘルム・ヴィオラ著『子どもの美術』（一九四二／日本語版『チィゼックの美術教育』久保貞次郎・深田尚彦訳、黎明書房、一九七六）に掲載された「美術問答」からは、チゼックの絶対的なまでの子どもへの信頼を読み取ることができる。そこには、子どもを「かわいい」と思う以上の、子どもに対する敬意が感じられるのである。教育実践者として、子どもの存在によって自らの存在を確認している一人の大人の人間としてのチゼックの姿がそこにある。

大人は子どもによって真の大人となり、社会は子どもによって、健全さを保つことができていると考えるのは、いささか飛躍しすぎた考えかもしれないが、子どもの存在こそが人間に人間らしさを保たせ、それによって四万年前に誕生したとされる現生人類が今日まで発展してきたと考えることもできるのではないだろうか。

気持ちの中に澱のように広がっている不安は、このような子どもの存在を日本社会が見失いつつあるという危機感である。人材ということばが、木材や素材と同じようなレベルで考えられてしまう教育では、子どもたちの本来的な存在は見えてこないし、それはまた、私たち大人が自分の本来の姿を見失うことでもある。

美術教育を含む芸術教育が、学校の中で情操教育として位置づけられてきたこと、あるいは現在もそうであることには、一定程度の評価をしてよいと考える。小学校図画工作科、中学校美術科、高等学校芸術科美術・工芸、それぞれの教科目標を、「現行学習指導要領」は「豊かな情操を培う」のことばで締めくくっている。おそらく、現在の初等中等教育段階の学校教育における各教科の中で、子どもの本来的な存在を学習の根底に置くことのできるもっとも近い位置に、情操教育を担当する芸術教科はあると言える。それは「実用的、博学的知性」とは対極にあるもの、すなわち「心」という人間が人間として存在する本質の部分の教育を担当するものとして、情操教育が位置づけられていることにある。

また、「豊かな情操」の目標から紡ぎ出される「豊かな心」や「豊かな感性」、「個性の豊かさ」などは、人材として育てられ、訓練されている子どもたちの悲鳴を受け止めることができる領域であるとも言える。さらに、子どもたちの造形作品展における伸びやかな表現や合唱祭などでの歌声は、私たち大人にやさしさや素直さ、寛容などの気持ちを実際に思い起こさせる力がある。

一方、情操教育に位置づけられる芸術教育には、限界と課題もある。情操を個々人の中にある公的価値観を備えた高次の感情と定義し、それをもとにした自主的で創造的な姿勢や心情、そして豊かな感受性を育てることを情操教育の目的とするならば、それらはあくまでも個人の内面に生じる精神活動の一つということになる。その延長線上にそれぞれの子どもたちの表現活動があり、鑑賞の授業が各自の美的感性の育成を目指すとき、いつも主語は「私」に限定されることになる。「個人」としての「私」の在り様が学習の課題となる情操教育では、あまりにも「個人」の中に埋没しすぎているのではないだろうか。そこから本来の子どもの存在を確認しようとしても、一人ひとりの特性しか発見することはできない。もちろん、教育において個性や特性は最大限に尊重されるべきものである。しかし、個々の子どもは見えても、社会における子どもの存在を見失うならば、美術教育が今日的な課題に対応することは難しくなる。

今、個に埋没しすぎてしまった美術教育の新たな方向を探そうとするとき、国際理解教育に一つの手がかりが得られるのではないかと考えている。国際理解教育にもそのどこに重点を置くかによってさまざまな系統や種類があるが、それらの実践事例を概観すると、学習者のイメージの交流がその根底にあることがわかる。一人の子どもの気づきや学びが、他の子どもにとっても意味のあるものとなり、統合され、学習に広がりと深まりをもたらすように工夫されている。その共有されたイメージの行き着く先に、協力や共存による世界観があるのである。今こそ、個人の存在を他者と切り離すことの無意味さを考えなければならない。一人ひとりがまったく別の思考をし、それぞれの世界の中にいるのであれば、教室でともに学習する意味は希薄である。

現在の図画工作や美術の授業には、「造形遊び」、「映像メディア」、「環境造形」、「ユニバーサルデザイン」など、他者とのイメージの共有を学習の基礎にする学習題材が多数存在する。そして、それらの学習の過程では、個々の違いから生じる対立を、形や色などの造形性に裏打ちされた具体的なイメージを操作することによって解決していくことになる。ここに国際理解教育が目的とする「異なる文化を持つ人々と相互に依存し合い、協力しながら共存していくのに必要な知識・技能・姿勢を身につける」ことと同様の学習が存在する。それを造形によるコミュニケーション力の育成ということばで表すこともできるが、向かうべき目標は、その能力の育成で終わるものではない。

隣に座っている人には自分とは違った文化や資質があることに気づき、自分にも自身の文化や資質があることを理解し、もっと多くの人や世界の文化に出会い、共有し合おうとする姿勢を育てることが、健全な社会観や世界観、そして人間観を持った本来的な意味での人材を育てることになるのである。何のためのコミュニケーションかを考えるとき、国際理解教育の視点は多くの示唆を与えてくれる。

競争と効率を基礎とする生き方に、国際理解教育の重要なキーワードである「共存」は不要である。さらに言えば、それは子どもの存在を見失う生き方でもある。そのような危うさの中で、子どもたちの造形活動は立場の違いを超えて、「共存」の理想を具体的な形の一つとして示す力となるのである。それはまた、「共存」を考える教育を通して明らかとなり、子どもの存在がリードする社会の中で、大人たちは真の大人となれるのである。

児童画、アートとして教育として

児童画の研究は一九〇〇年代から盛んになり、描画に関する発達段階の研究は、発達心理学者等の手によって大きな成果を上げてきた。今、我々は眼前の子どもの表現が前図式期の段階にあること、そしてやがて図式表現から、描写へと関心が移ることを予測することができる。また、そのときどきに応じた指導方法を考え、適切な描画材料や造形のための環境を準備することができる。

このような分析や調査の背景には、子どもが本来的に自由に表現することを保障する教育的価値観がある。我が国の歴史を振り返るならば、大正期の自由画教育運動が定着した昭和初期には、子どもの描画に関する研究や出版が盛んになっているし、それらは第二次世界大戦後の新しい図画工作教育の中に生かされてきた。これに対して、大人の美的な価値観を早期に植えつけるための教育においては、児童画の研究は無意味である。

しかし、児童画の造形的価値すなわち芸術性を発見し、さらに教育的意味を見出したのは、教育者ではない。第1章3節（20頁「『美』の共有」）でも取り上げた自由画教育運動の提唱者、山本鼎は画家・版画家である。山本は画家としてのヨーロッパ留学の帰路において、自由に子どもたちの創造性が発揮されたモスクワの児童画作品展に感銘を受けて帰国している。また、同様の美術教育家フランツ・チゼックは画学生として下宿していたウィーンの子どもたちが、路地裏に書いた落書きに無限の造形性を発見している。チゼックは当時ウィーンを中心として活躍していた分離派の画家たちとの親交も深かった。すなわち、一九〇〇年代の近代美術の広がりによる新しい芸術観、美術観こそが、それまでは取るに足らない落書きでしかなかった児童画の芸術性と教育的意味を発見させたのである。

一方、昨今の映像機器の進歩によって、日常的にさまざまな映像イメージと接し、それらを使いながら生活している現代の子どもたちの環境を考えるとき、これまでの児童画研究が示してきた発達や特徴の様相をそのまま当てはめてよいのかとの疑問があることも事実である。チゼックは「子どもは何歳で映画にいくべきか」との問いに「できるだけ遅い方がよい」と答えている。しかしながら、テレビやビデオ、ゲームなどが生活の一部となっている現代の子どもたちにとって、この答えは無意味でさえある。人の成長が持って生まれた資質と成長のための環境や教育によってなされるとするならば、視覚文化の拡大が子どもたちだけでなく人間にどのような影響を与えているか検証する必要がある。そのとき、これまで先人が残してくれた児童画研究は、新たな脚光を浴びることになる。

ここでは、現代の児童画の状況を「描画指導法」、「コンクール」、「表現から学びを読む」をキーワードに考察してみる。

大人が描いたお手本を写す臨画を否定した大正期から昭和初期の「自由画教育運動」以来、子どもたちの本来的な表現を教育の重要なファクターとし、それぞれの年齢による変化や発達の様相が明らかになったとき、そこに幼児画に対するプロトタイプ的意識もまた生じてくる。すなわち、優れた児童画とは、六歳児ならば六歳児の描く絵に共通する表現を土台にし、周りの大人が納得できるものであるべきという認識である。そして、そのような六歳児の絵として、大人が満足する絵を描かせるための巧みな指導方法が考案されることになる。それが一般的に「描画指導法」とよばれるものである。

このような描画指導法による作品は、初等教育段階の作品展などでしばしば目にする。一人の作品を見る限りにおいては、なかなか充実した作品と見えることもあるが、その場には、ほぼ同じような描画作品が集団展示されることになる。一例として、ある描画指導法による「イモほり」に行った経験を基にした小学校低学年の絵画表現では、そのクラスすべての子どもたちの作品で、画面の四分の一ほどに必ず地中のイモが描かれており、その描き方、場合によってはその本数まで統一されている。そして、その上にはイモを採ろうとする大きな手が描かれ、その両脇には足が描かれる。画面上部には自分の顔が描かれ、その顔と大きな手や足が線で結ばれる。そのようにして描かれたほぼ同じような絵が、クラス全員分、三〇数枚並ぶのである。これは、自分の顔を描く場合は、「真上に描かず、左右どちらかにずらす」、「鼻から描く。鼻を傾けて描いて、顔全体が傾くようにする」などの指示を出し、最後に顔の輪郭線を描く前には、適切なあごの位置を指導者が爪で画用紙に印をつけて廻るといった指導を行った結果である。

このような描画指導法は何種類かあるが、傾向はどれも同じで、巧みに指導者の理想とする絵画表現へと誘導するものである。多くはその方法の発案者の名前を冠して、〇〇式描画指導法などと呼ばれる。中でも、主に小学校の先生方によく知られている描画指導法では、「シナリオ」と呼ぶ指導者のマニュアルあるいは台本があり、それぞれの指導場面を「第一幕」、「第二幕」のように示し、各場面における指導者の「セリフ」も決まっている。この指導法に従えば、たとえ指導者が造形に関する知識や体験がなかったとしても、多くの保護者が納得する小学生らしいダイナミックな作品を描かせることができるのである。これは、児童画の造形的価値、教育的意味を発見したチゼックや山本鼎が推奨し、ピカソやカンディンスキーなどの画家が憧れ、多くの研究者が教育的意味を指摘した子どもの本来的な創造活動としての児童画ではない。我々が造形美術教育によって育てようとする人間の創造性や感性の教育からするならば、無意味であるだけでなく、子どもの健全な成長に歪みすら与えかねない。

ここに例として取り上げた方法以外にも、大人が納得する児童画らしい児童画を描かせるための指導方法はいくつかあるが、このような指導方法が考案され普及した原因を端的に示すならば、教育者が陥りやすい、いわゆる「作品主義」がある。子どもたちの造形活動の中に学びがあり、能力の伸長があるとする美術教育は、当然活動の結果としての作品が存在する。これまでは、その学びは作品を介して分析され、評価されてきた。そこからさらに、学習の成果発表としての作品展があり多くの大人の眼に触れることになると、そこでは本来の学びの評価ではなく、作品の出来栄えとしての評価が一般的になる傾向が生じてくる。結果的に美術教育は造形活動を通しての学びに教育的意味があるのではなく、「大人にとって納得できる作品を制作させることを指導の目的とする過ち」が生じることになるのである。

これが初等教育において多く見られるのは、幼児や児童はその成長の段階から素直に指導者の指示に従いやすいことや、幼稚園や小学校では造形作品展がよく開催されることなどがあげられる。また、幼稚園や小学校の教員養成課程の内容を見ると、造形美術教育についての学修が十分に保障されているとは言い難く、幼稚園教諭や全科を指導する小学校の教員にとって、造形や図画工作の授業は指導方法に自信を持ちにくいものの一つとなっている。また、活気ある自発的行為としての造形活動を授業として成立させるには、指導者としてかなりの研鑽が必要なことも事実である。それに対して「シナリオ」のようなマニュアルによる描画指導法は、作品展で他のクラスと比較しても引け目を感じない、保護者も納得しやすい作品を描かせることができるのである。

親が、我が子をなるべく優秀な人材に育てたいと思うのは当然である。その熱意は、ときとして教育に対する妄信的な期待を膨らませてしまうこともある。その一つが英才教育である。なるべく早期に特殊な教育環境に入れ、他の同年齢の子どもよりも優れた才能や技能を身につけさせたいと考える。実際にさまざまな分野で幼児や児童を対象とする英才教育を謳ったプログラムがあり、中には商業的性格を持っているものも多い。しかしながら、それらが十分に機能し、期待通りの英才なる人物を多く輩出したという報告はほとんど聞かない。前出のチゼックは、なるべくゆっくりと子どもが成長することの重要性を、親に理解させることの困難さと大切さを説いている。そして、そのゆっくりとした成長のスピードは子ども自身が決めることであり、それぞれの成長の過程における創造活動を保障することで、その成長を豊かにすることが本来の美術教育の使命である。

ここまでは幼児や児童を主として対象とする描画指導法について取り上げたが、次に中学生や高校生を対象とする写実的絵画技法における指導方法について取り上げる。これは観察する対象を写実的に表現する絵画技法の習得を目的とするものであり、中学校や高等学校での美術の授業では基礎的学習としてその授業実践例は多い。中学校でよく見られる鞄や上履きなど身近なものをモチーフとする鉛筆デッサンの授業や、高等学校での石膏デッサンの授業などはその典型である。美術学習の基礎、もしくは導入的意味合いの強い題材として、形をとらえるために透視図法を理解させ、陰影、質感などの表現技法を学ぶことを内容とすることが多い。そして、それらを系統的で詳細なプログラムとして組み立て、誰もが一定程度のレベルの写実的絵画を描くことを目指すものであり、カルチャースクールの絵画教室などでもよく見られるものである。

このような「描画メソッド」、「写実絵画学習方式」などと呼ばれるものは、かなり古くより多種多様にあり、絵画技法書や解説書は世の古今東西に広く見られるものである。現代では、日本語訳本が一九八一（昭和五六）年に出版されたベティ・エドワーズの『脳の右側で描け』（マール社他）は、「右脳モード」と「左脳モード」と名づけた大脳の働きの違いから始めて、形態や空間、陰影の理解を効率よく体得させ、描写的絵画表現技術についての自己啓発を目指すもので、アメリカや日本を中心として注目を集めた。しかしながら、そこでマスターした技術がどのような場面で必要かについては不明であるし、紹介されている参考作品からは、表現者としての個性はほとんど感じられない。しかしながら、近年まで『脳の右側で描け』は続編本なども出版されている。

普通教育課程にある生徒にとって、精緻な静物デッサンや石膏デッサンの技術は必要なのであろうか。少なくとも中学校美術科、高等学校芸術科美術の「現行学習指導要領」は、それを求めてはいない。一方、優れた発想や構想は具体的な形を得て初めて意味があるとの考え方もある。すなわち、表現には技術が必要であり、技術が生み出す発想や構想もあり、生徒たちの中にはいわゆる「上手な絵」を描けるようになりたいと願う者も少なくないとの意見である。

これらの意見や考え方を総括するならば、限られた時間の中で、普通教育における造形美術教育が技術指導に終始することはあり得ないにしても、自らの表現に必要な技術を学び取ることができるような配慮も必要である。しかし、山本鼎は自由画教育の到達点の一つとして「自ら発見したものが尊い」のことばを残している。技術とは受け取るものではなく、発見するものではないのか。また、表現すべき主題がなくて、技術は必要なのかなどの問いは残る。なお、中学校美術科、高等学校芸術科美術の「現行学習指導要領」では「技術」ではなく「技能」であり、その学習方法は工夫することである。

次に「コンクール」について取り上げてみる。子どもの絵のコンクールがどれほどの数存在するのかは不明であるが、東京都内の小学校図画工作科専科教諭の先生を主として構成員とする「東京都図画工作研究会」でよく耳にするのは、自治体や民間からの絵画展やポスターコンクールなどへの出品依頼にすべて対応すると、一年間の図工の時間では不足であるとの話である。なぜそれほどまでに、子どもの絵やポスターなどのコンクールや展覧会への出品依頼が数多く寄せられるのか、あらためて考えてみる必要がある。

子どもの作品を募集するコンクールや展覧会をその主催者別に分けると、次のような分類が可能である。まず、行政機関の主催によるもので、大きく二つに分けることができる。一つは各自治体の教育委員会が主催し、地域の学校の授業成果の発表として行う造形美術教育展と、もう一つは、国や自治体の各種機関がその取り組みの普及活動もしくは啓発活動として開催される絵画・ポスターコンクールなどである。中でも、よく学校に対して出品依頼がなされる典型的なものとしては、「明るい選挙ポスターコンクール」、「交通安全啓発ポスターコンクール」、「郷土愛育成絵画展」、「消防自動車絵画展（火災予防啓発絵画展）」などがある。これらのほとんどは、教育委員会や地区の学校長会、PTA連絡協議会などの後援を受けており、学校に直接的に出品依頼がなされることになる。また、教育委員会主催の造形美術教育展の多くは、その地域の公立学校を中心とする図工美術科の教師を構成員とする教育研究組織が、実質的にその運営を担当していることが多い。

別には、美術教育団体の主催によるものがある。美術教育の振興と研究を目的として開催され、図工美術の教員や研究者がその審査や運営を担当することが多い。また、美術教育団体の中には、造形美術に関係する企業がスポンサーとなり、財団法人を設立していることもあるし、新聞社や放送関係などのメディアが後援をしている場合もある。このような美術教育研究団体主催の場合は、その審査とともに、展覧会場などでの研究協議会が開催され、教員や指導者の研修の場となっているものもある。かつて戦後の民間教育団体をリードした「創造美育協会」は、公開審査を実施し、新たな美術教育の発展と普及に寄与した。

もう一つは、各種の民間企業などの主催によるものがあげられる。企業の経済活動の一環として商品及び企業活動の宣伝を意図したものから、企業イメージはあまり主張せず、公共性の高いものまでさまざまである。企業のイメージアップを目的とする児童画コンクールやポスター展などでは関連商品が賞品となるなど、教育目的とは程遠いものもある一方、企業メセナのように、芸術文化支援の一環として取り組んでいるケースもある。一般的には、新聞や独自のチラシ、インターネットなどで広報し、応募を呼びかける場合が多いが、公共性のあるものについては、文部科学省や教育委員会などの後援を得て、学校に直接応募案内が届くこともある。

このように、さまざまな主旨で開催される児童画の展覧会やコンクールであるが、そこには教育的意義とともに、子どもたちの自由な造形表現の中に、人々の感性を豊かにする魅力があることも重要な理由としてあげることができる。場合によっては、それは企業や商品イメージの向上に繋がる可能性もある。しかしながら、そこでは審査という選別が行われることになり、すべての子どもたちの造形表現を保障しようとする現代の美術教育とは、相容れない部分もある。たとえば、市や区の教育委員会主催の造形展では、なるべく多くの子どもの作品を展示しようとするが、展示会場の条件から、参加校に対して出品点数の割り当てが行われる。そうすると、展覧会としての審査はないが、その前段階の各学校内で選別が行われ、学校代表として出品展示されることになる。

このようなコンクールの弊害の一つは、コンクールに入賞することが、教育の目的となることである。特に、学校の教育活動すなわち授業の結果として生まれた作品を対象とするコンクールの場合、教師の指導の力量を示すものとしてコンクールの成果を競うあまり、児童生徒の学習活動ではなく、コンクールでの入賞を目指した作品制作のための授業になりかねない。保護者もまた、コンクールに入賞するということと、図画工作科や美術科の授業において優れた成績であることが同義語であると考える傾向があるが、本来的には授業における学習評価とコンクールでの審査は全く別である。

現在の図画工作・美術・工芸の授業としての評価は、「知識・技能」、「発想構想の能力・鑑賞の能力」、「主体的に学習に取り組む態度」の観点で、授業の中の学習活動を中心にして評価することになっている。もちろん授業終了後のワークシートや作品によって、指導者が児童生徒の学習活動を振り返って評価する要素も加わる。すなわち、このような学習評価はその指導をした教師でなければできないということである。児童生徒の活動の様子を観察したり、発言や取り組みの様子を見たりすることが中心であり、完成した作品から学習の状況を評価することはむしろ補助的でさえある。

一方、コンクールの場合は作品のみが審査の対象となる。それは、児童生徒の学習状況は全く不明のまま行われる。全国規模のコンクールでは、各地からの応募作品が集められ、複数の審査員によって、作品の造形的価値、芸術性を読み取る審査が行われる。作品のタイトルとともに、制作者の年齢や学年は重要な要素ではあるが、それをもって作品そのものの造形的価値判断をすると言うよりも、むしろその児童生徒が自らの意志によって描いたものであるのか、指導者や周りの大人の強力な指示、もしくは直接的な加筆などはないかなどの判断の材料となることが多い。審査の中心は、大人とは違った子どもの表現の独自性を踏まえた上での、造形表現における芸術性を作品に見出すことであり、その上にコンクールを主催する団体の趣旨が反映されることになる。

優れた児童の表現に対してこれを顕彰することは、子どもの創造活動への意欲を増大させるだけでなく、社会が子どもの造形によって新たな表現の可能性に気づき、その大切さを理解するという視点からも、健全な主旨による児童画展は開催されるべきであることは言うまでもない。児童画の持つ素朴さや美しさ、そしてときにはダイナミックな造形を社会に広める活動は、人々に人間の尊厳を再確認させ、平和な感情をもたらす。それは、戦争抑止力という宣伝文句による武装よりも、はるかに強力で実効性のある戦争抑止力になるのではないだろうか。

ただし、審査がある以上、選外となるものがあることも事実である。主催者が審査の公平性やその目的、審査結果の公表などに配慮するとともに、指導者としては展覧会やコンクールに応募する意味を十分考え、子どもや保護者の理解を深めることが大切である。

このような学校外部での展覧会やコンクール以外に、学内で開催する展覧会がある。これは、まさに学習成果の発表会であり、すべての児童生徒にとって、自らの学習を振り返り、他者の学習を知ることによって、さらなる学習への意欲を育むものでなければならない。

このような状況にある児童画から、我々は何を見出すことができるのだろうか、また見出すべきなのであろうか。児童心理学者は、児童画を子どもたちの心の窓として分析し、知能発達などの研究に活用してきたし、アートセラピー（絵画療法）を目指す人々もいる。それに対して造形美術教育に携わる図工美術の教師は、まず、その表現活動のどこに学びがあったのかを明らかにする必要がある。一枚の絵を描く造形活動の中で、その子どもが何を表現しようとし、どのような発見や気づきをし、それをどのように工夫したか、それが作品のどこに表れているかを見出すことが求められる。描かれたりつくられたりする形や色は、子どもの場合であれ大人の場合であれ、時間とともに変化する。その過程の痕跡が残らないことも多い。したがって、指導者はその変化をできるだけ観察し、記録し、あるいは子どもに語りかけ、造形活動としての学習の場に立ち会い、子どもの学びを支えていくことが大切である。そのような経験を多く積むことによって、学習の結果としての作品から子どもの学びを読み取ることが可能になる。

一方、親として子どもの造形に立ち会う場合には、まず、すべてを受け入れることが肝要である。特に幼児期においては、安心感こそ子どもたちの創造の泉となる。また、チゼックは「作品について子どもにあまり多くを問うな」としている。問い続ければ、やがて子どもは親が気に入る答えを探し出す。それよりも、子どもが自ら語り出すことに耳を傾けることを説いている。

近年は、児童画とともにアール・ブリュットについての社会的関心が高まっている。アール・ブリュットの特徴のある表現を発掘し、社会にさまざまな形で提供する団体の活動も活発である。アール・ブリュットは、「生の芸術」を意味するフランス語であるが、その解釈や定義はさまざまである。一般的には「正規の美術教育を受けていない人による芸術」、「既存の美術潮流に影響されない表現」などと説明されることが多い。しかし、日本の場合、アール・ブリュットを「障がい者の美術」として受け入れてきた経緯があり、現在もその認識は広く根強く残っている。また、アール・ブリュットとそうでないアートという、領域分けをすること自体に意味がないとの意見もある。

振り返るならば、「児童画」が再発見されたのは、一九〇〇年代の近代美術における新しい芸術観、美術観の出現によるものであった。今また、現代の美術における新しい価値観は、アール・ブリュットを見出した。これより先、社会の多様性が進行する中、アール・ブリュットの定義がどのようになるかは議論の余地があるだろう。しかし、私たちが目指すべきは、障がいのあるなしにかかわらず、子どもが描こうが大人が描こうが、専門家であろうとなかろうと、すべての表現に対して敬意を持つことのできる社会ではないだろうか。

しかし、児童画においてはその名称や社会的、教育的、芸術論的評価に変化はあっても、すべての人々が児童画の作者であるとの定義は変わらない。たとえ今、美術が苦手であり、絵を描くことなど思いもしないという人も、幼児期には周りの大人が止めても描いたり、つくったりしていたはずである。成長することと描くことやつくることは同義語であるかのような時期を、人は必ず経過して成長してきたのである。

また、戦禍にある子どもたちが描く絵には、戦争の悲惨さや悲しみがあふれているし、幸せな環境の中にある子どもの絵には、日々のよろこびが描かれている。子どもはそれぞれの時代、それぞれの社会の先端に立つ目撃者であり、表現者である。子どもがいるからこそ、人間性は保たれているとも言えるし、児童画はその証明である。その児童画を指導する図工美術の教師は、絶え間なく変化し進行する造形的な学習に対する敏感な感性を必要とする。そのためには、数多くの児童生徒の表現に触れることが何よりの研修である。前述のコンクールや作品展における教師間の作品検討の場は貴重であるし、自らも造形についての研鑽を積み、絶えず自らの感性を磨き続ける教師こそ、子どもたちの造形の場に立ち会う資格がある。

「人それぞれ」の条件

現代を評して、理想や夢を語りにくい時代、確信を持って生きることの難しい時代という認識は、本書でも繰り返し提示してきたし、さまざまな世論調査を見ても、不確定な時代に漠然とした不安を抱き、自信を持つことのできない現代人の心理を読み取ることができる。特に近年のパンデミックと戦争の状況は、一層未来に希望を見出すことが難しくなっている。教育をして未来を創造する活動と考えるとき、生きていくことの意味を考え、そのための力を身につけようとする若い人たちが夢や希望を語ることの出来にくい現代は、教育の困難さと同時にその重要性が増していると言える。

一方、教育とは先人が築いた文化を身につけさせることこそがその中心であるとする考え方は、現代においても根強い。しかし、自身の夢や希望を見出せない若い人たちに、先人の知恵や文化を真摯に受け止める姿勢を持つよう求めたとしても、彼らがそこに自分にとって必要な価値を見出すことができないだけでなく、場合によっては教育の場からドロップアウトするという現実さえ生じている。

このような不確定な現代における若い人たちの日常の行動を、教育の枠を拡大して、文化芸術の環境という視点から見た場合、どのような状況にあるのか考えてみたい。

身近な若い人たちと話をしてみると、さまざまな情報があふれる中で、多様な文化芸術をそれぞれが楽しみ、一見すると豊かな社会の恩恵を享受し、各自が個性的に充実した生活を送っているようである。しかし、よく観察してみると、そこには本来的な主体性や独自性という要素が希薄になりつつあるように思えてくる。文化芸術の領域に焦点を当ててみるならば、彼らが楽しんでいるゲーム、漫画、アニメ、ファッション、ポップミュージックなどの多くは、巧妙に仕掛けられ、流行という現象を生み出しながら拡大していくように練り上げられ、生産されたものである。その仕掛けの中で、彼らの多くが容易く流行に乗せられてしまっている傾向を感じるのは偏った見方だろうか。

もちろん、文化芸術との関わり合い方は基本的に「人それぞれ」である。さまざまな流行に乗りその場そのときを楽しむ人もあれば、流行とは無縁に、一つの領域を長年にわたって追い続けるような関わり合い方もあり得る。さらには、文化芸術の表現者、発信者としてその道を進もうとする場合もある。他節でも述べたように多様性こそが文化芸術の存在理由であり、人と文化芸術の関係は「人それぞれ」が大原則である。したがって、本書が想定する「美術が苦手な人」についても、結論は「人それぞれ」である。ただし、これから不確定な要素を増すと予想される社会を考えると、「人それぞれ」の在り方そのものが重要になってくる。

「人それぞれ」を東北地方の方言で「てんでんこ」と言う。「てんでんこ」は東日本大震災を機に広く知られるようになったもので、まず自分で考え判断し、自分の力で自分の身を守る行動をとるという防災標語になっている。そこからさらに生き方の教訓としても理解されるようになり、自分らしく望むように生きていくことの大切さをあらためて考え直すことばともなっている。しかし、ここでの「人それぞれ」あるいは「てんでんこ」は、自分勝手に生きていくこと、偏狭な自身の思考や認識、感性に閉じこもることではない。

一方、流行は社会学や心理学、経済学等さまざまな領域から考察されているが、それらを要約するならば、流行とは基本的に模倣であり、同調化と差異化の両面を持つものとまとめることができるだろう。そしてその背景には、自信を持つことができず、自ら判断することができないとき、他の強力な価値基準に従おうとする人間の心理がある。これは歴史を振り返っても言えることであり、単に現代の若い人たちだけの傾向ではない。特に、このような傾向とそこから生まれる流行は、日本社会においてしばしば散見されるものである。そして、確信を持って生きることが一層難しい現代は、流行が広がりやすい時代とも言える。

外見上は個性的で、華やかで豊かに見えるけども、自身の価値観や感性を基に判断し、自身の顔で生きているかと若い人たちに問うたとき、その答えは自信にあふれるものとはならないようである。このような傾向が土台としてあることを踏まえて、「人それぞれ」を基本とする、これからの社会における文化芸術の意義やあるべき姿と、人々の関わり方について考える必要がある。

文化芸術は、それを創造し表現する人とそれを享受し楽しむ人という単純な図式で成立するものではないし、現代においては、文化芸術と人々の関係は一層緊密で複雑になっている。先ほどのポップカルチャーの領域では、熱狂的なファンによる流行が形成され、その消滅もまた早いという報告もある。これらは、ネット環境の浸透が大きく影響していると思われるが、デジタル技術の進展は新たな文化芸術の流行を生み出し、その領域を拡大するだけでなく、文化芸術と人々の関係性にも大きな変化をもたらし始めている。多くの識者が指摘するように、社会におけるポップカルチャーやサブカルチャーも含めた文化芸術の流行とその影響力が、経済など他の領域においても増大するとの見解は正しいと思うが、そこでは誰もが流行の発信者にもなり得るし、誰もがその流行に飲み込まれやすいとも言える。

つまり、多様性をキーワードとする近未来社会では、個の尊重と同時にさまざまな価値観の共有を目指すことになるが、同時にネットなどのデジタル技術によってその多様性は増幅されることになる。そして、自己認識が薄く自らの価値観に確信のない人々は、逆にその多様性の海を目的もなく漂うことになりかねない。多様性をキーワードとする社会の住人は、多様な価値観を共有できるとともに、自らの価値観や感性において確信を持って生きることを求められることになる。

しかしながら、これからは自らの価値観を確立すること自体がますます難しくなってくることは、予想に難くない。多様で大量な情報は、自らの判断を促すよりも迷いを多くする要素となり得るだろうし、そのような状況においては、新たな価値基準を短時間に提示してくれるＡＩは、その存在を大きくしていくことになる。また、多彩で魅力的に企画されたモノやコトが、商品としてネットを介して流通し、多くの人々を巻き込み社会現象としての流行を容易く生み出していくことになるだろう。特に、自身の価値観や感性を育てるための学びの途中にある若い人たちとっては、このような流行に逆らい、自らの価値判断によって行動することは容易いことではない。

流行という渦の中では、その流行を相対的に理解する視点は忘れられ、流行の中にいること自体が目的となり、場合によっては流行の中にいることが優位性と安心感を人々に与えることになる。それは「人それぞれ」の真の意味とは対極にあるし、多様性をキーワードとする社会の実現とは程遠い。ここでは「多文化共生の社会」よりもう少し大きな括りという意味で、あえて「多様性をキーワードとする社会」とするが、それは多様な文化背景や特性、さまざまな価値観を持った人々の単なる集合体という意味ではない。お互いの違いを認めながらも、その間に壁をつくって静観するだけならば、ただ他者に対して無関心な集団でしかない。社会がその構成員全員にとって有機的な集合体であるためには、お互いの違いから新たな文化や価値が生まれてくるものでなければならない。

ここで、無関心無関係な「人それぞれ」を消極的「人それぞれ」と表現するならば、新たな関係性を生み出すための「人それぞれ」は積極的「人それぞれ」ということになる。この積極的「人それぞれ」

は「十人十色」の意味ではない。各自が独自の色を持っていることは貴重なことであるが、一〇人で一〇色のままでは何も生まれない。その一〇色がさまざまに混ざり合うことで新たな価値を持った表現は成立する。画家は必要な色を必要な場所に置き、画面上のすべてを管理して一つの世界を表現しているのではない。ある場所に置いた色がその周辺にある色と響き合い、画家が予想もしなかった美しさが生まれることもある。その偶然の美しさも生かしながら自らの表現を追求しているのである。理念的社会変革やシステム的イノベーションだけでなく、個々人の実生活や生き方まで大きく変わろうとする現代において、我々が向かうべきは、統計やデータを駆使した管理によって成立する社会ではなく、積極的「人それぞれ」によって成立する真に多様性のある社会の実現だと考える。そして、そのために必要な教育とは、「私」という主語で主体的に考え、表現し、独自性をもって深めることのできる学びの保障である。

これは、学校教育はもちろん、社会の多様な場面で展開されなければならない。そこでは、自信や確信をもち、自らの価値判断において、新たな文化芸術を創造する主体者としての意識を持てるようにすることが重要であるが、そこにはもう一つの重要な条件がある。それは「寛容性」である。積極的「人それぞれ」によって成立する多様性のある社会は、同時に寛容な社会でもある。多様な文化背景や特性、価値観を持った人々との関係をひろげながら、新たな価値を創造しようとするとき、「寛容性」なくしては何も始まらない。

しかしながら「寛容性」は法律や政治、経済など社会システムとして定義し、制度化することが難しいものの一つでもある。「寛容性」は個々人の内部に生まれ育つものであり、「寛容性」の大きさは自己認識の深さと比例する。すなわち、積極的「人それぞれ」によって成立する多様性のある社会実現のために、教育が果たすべき課題の一つが、この「寛容性」の育成でもある。多様性のある社会は他者理解から始まるのではなく、自己理解から始まる。そこに積極的「人それぞれ」のための教育が大きな役割を果たすことになる。

おわりに

本書において、美術が苦手な人たちを想定した具体的なイメージの一つに、次のような経験がある。私が新米美術教師として公立中学校に勤務していたとき、美術の教科書の一頁全面に掲載された《モナ・リザ》を見ながら二人の中学二年生が語り合っていた。一人が「これ気持ち悪いよな」と言うと、もう一人が「こんな絵、絶対に自分の部屋になんか飾らない。夜見たら怖いよ」と応えていた。近くに私がいることに気がついた二人は、「これが何で名画なの?」、「きれいなんて思わないけど」と質問してきた。私は、ダ・ヴィンチの名前を出し、ルネサンスの美術について話をして、世界で最もよく知られた絵の一つであることを説明してはみたものの、結局は知識を撒き散らして、彼らの「モナ・リザ=気持ち悪い絵」論から逃げたのである。

美術作品に対してなぜ、どうしてという疑問や不信感を持つことも美術の鑑賞であると、美術家や美術教育者は言うだろうし、何よりその一人である私もそう考えている。しかし、美術に対する不信感を持ち、美術は苦手であると思っている人にとっては、そのような言い方そのものが不信なのである。

このような「美術が苦手な人たち」の不信感に対する本書の答えは、「そのままでよい」ということばに尽きる。「私」と「私」の「共存」を考え、積極的「人それぞれ」による多様性のある社会の実現を主張する本書においては、美術を苦手と感じる自分の価値観や感性を意識し磨くことが大切なのであり、美術が好きであるとか苦手であるとかは、もはや重要ではない。人が人としてあるが故に、その誕生の初期段階から存在し進化してきた美術は、その理解者のみが住むことを許された世界では決してない。さらに確かなことは、歴史を振り返っても、美術が進化することのできる世界が、平和な世界であることは間違いない。

本書を読まれた方には、反論も多いと理解している。根拠の薄い推論で組み立てられているとの指摘もあるかもしれない。それらの意見は受け止めつつも、本書の根底には、これまで私が授業や講義を中心にして出会ってきた多数の中学生、高校生、大学生の存在がある。彼らの学びと成長は、未来を考える上で多くの示唆を与えてくれた。彼らとの関わりが本書の絶対的論拠となっている。また、書き散らした原稿を粘り強く整理し、適切なアドバイスとともに編集を担当していただいた武蔵野美術大学出版局の奥山直人氏に深甚なる感謝を申し上げる。尚、本書の出版は、武蔵野美術大学出版助成制度を活用したものである。関係の皆様に御礼を申し上げる。

二〇二四年一月

大坪圭輔

著者紹介

大坪圭輔（おおつぼ・けいすけ）

一九五三年、長崎県生まれ。一九七九年、武蔵野美術大学大学院修士課程修了。武蔵野美術大学教授。専門分野は、美術・工芸教育法、教育方法。初等中等教育段階を中心とする造形美術教育の実践的研究。特に、造形能力の発達とその社会的教育的意味に関する研究、及びその題材と教育方法の開発。

主な著書に『美術教育資料研究』（武蔵野美術大学出版局、二〇一四）、『工芸の教育』（武蔵野美術大学出版局、二〇一七）、『美術教育の動向』（共編著、武蔵野美術大学出版局、二〇〇九）、『求められる美術教育』（編著、武蔵野美術大学出版局、二〇二〇）、『美術 表現と鑑賞』（共編著、開隆堂出版、二〇二一）、令和三年度用文部科学省検定済中学校美術教科書『美術1』『美術2・3』（著者代表、開隆堂出版、二〇二一）など。

現在、開隆堂中学美術教科書編集委員会（日本造形教育研究会）著者代表、公益社団法人日本美術教育連合理事長、公益財団法人教育美術振興会理事、国際美術教育学会（InSEA）会員、美術科教育学会会員、大学美術教育学会会員。

美術の教育　多様で寛容な「私」であるために

二〇二四年三月三〇日　初版第一刷発行

著者　大坪圭輔

発行者　長澤忠徳

発行所　武蔵野美術大学出版局
〒一八七－八五〇五
東京都小平市小川町一－七三六
電話〇四二－三四二－五五一五（営業）
〇四二－三四二－五五一六（編集）

印刷　港北メディアサービス株式会社

製本　誠製本株式会社

定価はカバーに表記してあります
乱丁・落丁本はお取り替えいたします

ISBN978-4-86463-163-1　C3037　Printed in Japan